場が変わり、人が
いきいき動き出す

研修・ファシリテーションの技術

広江朋紀
TOMONORI HIROE

同文舘出版

はじめに

2008年、10月のある日。

突然、上司に呼ばれ、こう告げられました。

「お疲れさま。明日から研修講師よろしく！」


一瞬、絶句し、上司が言っていることが理解できませんでした。

いわゆる「リーマンショック」の影響で、日本の多くの企業が仕事の抜本的な見直しを迫られる中、当社も従来の枠にとらわれない柔軟な仕事の進め方が求められ、研修講師未経験の自分にその機会が回ってきたのです。


当時の私は31歳。講師としては若輩者です。

おまけに赤面症。大勢の人の前に立つと、顔は湯気が出ているかのように赤くなり、汗が止まらなくなるという、笑えない状況でした。

講師としての知識もないまま、翌日から研修現場のフィールドで奮戦がはじまります。

忘れもしない、講師デビューの日。

緊張して内容を忘れることがないよう、20ページからなる大作の台本を準備し、事前に丸暗記するという、まるで受験生のような対策を徹夜で行なって、場に立ちました。

すると、ひとりの参加者の姿勢が目に飛び込んできます。

彼は、机の上にパソコンを出して、研修とは別の仕事をしています。

私は何とか彼の気を引こうと、準備した自信作の台本を大きな声で読み上げます。時間もオンタイムで進行できるよう、ストップウォッチで正確に計測して進めます。メリハリが大事なので、途中でおやつを出して休憩も促します。

それでも彼の行動は変わりません。

私は意を決して彼のところに行き、強い口調でこう言いました。

「研修に集中してください!!」

「……」

彼は無言のまま、キーボードを打っていた手を止め、ワークシートに自分の考えを簡単に記入すると、もう自分の仕事は終わったとばかりにＰＣを広げて仕事を再開しました。

それを見て私は、「これはもう、自分のせいではなく、彼のスタンスに問題がある」「自分はしっかり注意した。変わらない参加者が悪い！」と諦めました。

結局、その後の彼の行動は、最後まで何ひとつ変わることなく、身体はここにあるけれど、意識と関心は「今、ここ」にない人でした。

そして研修終了後、彼のアンケートのコメントを見て、私は愕然とします。

たったひと言だけ、力強い字でこう書かれていたのです。

「講師は、人を見ていなかった」

一瞬、怒りを覚えましたが、冷静さが戻ってくると、自分への悔いと、恥じらいと、申し訳なさが相まって、体の内側から熱くなってくるのを感じました。


自分は、何をやっていたのか？

目の前の人を見ずに、予定されている内容をうまく伝えることのみに意識を注いでいた。

相手を変えよう、正そう、直そうということに躍起になっていた。

彼が費やしてくれた時間の対価分の気づきや変容をもたらすことができなかった。


自分の不甲斐なさにつぶされそうになるほど、冷静かつ的確なフィードバックでした。

その日から、私の中で少しずつ、意識が変わっていきます。


「何」を伝えるのか、内容やプログラム、メッセージも当然、大事だけれど、それ以上に、

- **伝える対象となる相手が「誰」なのか。相手をよく観て、状況・文脈を踏まえること**
- **対話や気づきの起こりやすい、本音を開示できる安心・安全な「場」をつくること**

・一方通行ではなく、聴いて、問いかけ、引き出し、巻き込む「関わり」を持つこと
・そして何より、講師（ファシリテーター）の「あり方」そのものを整えていくこと

そうしたことが、わずかながら、ひとつずつ、少しずつ、見えてきました。

そして、つい先日のこと。

ある研修現場で、開始直前にひとりの参加者の姿が目に飛び込んできました。

年の頃は50代のベテラン管理職の方。なんと、椅子の向きをくるりと逆にして、背もたれを前に、またがるように腰かけて、他の参加者にこう息巻いています。

「なんで、現場がいちばん忙しいこの時期に、研修なんて受けさせるんだ！」

……そして、研修終了後。

私がホワイトボードの文字を消していると、彼が近づいて来て、こう言いました。

「研修に出てよかったと思ったのは、はじめてだ。

ウチの課でさっそく実行してみるよ！」

そう言って、握手を求めてこられたので、ガッチリ交わしました。

本書は、そんな**素人だった私が研修講師として、ファシリテーターとして、膨大な時間をかけて現場でもがき、格闘し、その中で得た「大事なこと」を読者のあなたに、最短距離でわかりやすく伝えることを目的に書いた本**です。

実際に企業研修や組織開発のワークショップで発注者から期待されるニーズは、テーマやカリキュラムをわかりやすく参加者に伝えてほしいといった、やさしいものではありません。

わかりやすく伝えることは、当たり前。その研修が、参加者の仕事における成果発揮に役立ったり、参加後の成長が感じられなければ、「価値」として認められません。

そういった意味では、常にストイックに参加者の気づきの促進や、変化の実現に向け、**参加者が「ワカル」ことは当たり前、実際に「カワル」ために、日々、格闘しているのが自分の仕事**です。

今ではおかげさまで、リンクアンドモチベーショングループで、人材開発を目的とした

「企業研修講師」、そして組織開発を目的とした「ファシリテーター」として、講師個人としては、年間170日の最多納品数を数えるまでになりました。内定者、新入社員といった若手層から役員、経営者といったトップマネジメント層まで、社員数10人未満のスタートアップ企業から1万人超の一部上場企業、グローバルカンパニーまで、階層、規模、職種、国籍の異なる多様な方たち、年間3000人を対象に、研修や講演、ワークショップを行なっています。

これまでの登壇時間は、延べ1万時間、3万人を超える参加者の皆さんと濃密な場を共有するとともに、自社の新人講師の育成（トレーナーズトレーナー）も担当しています。

そうした経験から、最近では、講師やファシリテーターをどう育てればいいのか、お客様からご要望をいただくことも多く、アドバイスやコンサルティングをさせていただく機会も増えてきました。

この本に興味を持たれた方は、社内講師をされている方、プロの研修・セミナー講師、組織開発に取り組むファシリテーター、学校や予備校の先生、人前でのプレゼンテーションや講演のスキルを高めたいといったビジネスパーソン等……いわゆる、「伝え方」「場の創り方」に課題をお持ちの方が多いのではないかと思います。

その課題の解消に役立つように、講師やファシリテーターとして持っておくべき要素を5つのSTEPとして抽出し、現場で再現し実践できる指南書としてまとめました。

それは次ページのSTEPで構成されており、各STEPをしっかりと深めていくことで、参加者の「コミュニケーションの成果が最大化」される、つまり参加者の意欲の高い、前のめりな行動喚起を最大限に促す状態の実現を目指します。

また、途中には、私が研修やワークショップで小ネタとしてよく挟む、**遊び心のあるコラムを「小噺」として差し込みました。**

そして章の最後には、私自身も困った、**新人講師、ファシリテーターの「困った」を解消する7つの知恵袋**も付録としてついています。こちらも併せてお楽しみください。

では、一緒に実践の旅に出ましょう!!

コミュニケーションの成果を高めるための各ステップのポイント

STEP1 誰が WHO	**自分を整える** ●自分自身のプレゼンス（あり方）を整える ●セルフアウェアネス（自己認識）を高める ●印象を効果的にマネジメントする
STEP2 誰に WHOM	**相手をよく観る** ●主催者の意図、参加者の状態を把握する ●相手に話が伝わらないバイアスを理解する ●事前に正しい準備をする
STEP3 何を WHAT	**意図を効果的に組み立てる** ●最も伝えたいゴールを明確にする ●メッセージを効果的に伝える方法を知る ●全体のプロセスをデザインする
STEP4 どこで WHERE	**安心・安全な場をつくる** ●関係の質を高める安心・安全な場をつくる ●空間を有効活用する ●伝達ツール・備品を有効活用する
STEP5 どのように HOW	**参加者の力を引き出す** ●相互作用を生み出し、参加者主体の場をつくる ●バーバル言語を適切に扱う ●ノンバーバル「表情」「声」「視線」「ジャスチャー」を駆使する

研修・ファシリテーションの技術
——場が変わり、人がいきいき動き出す

もくじ

STEP 2

誰に WHOM

相手をよく観る

STEP 3 何を WHAT

意図を効果的に組み立てる

STEP 4

どこで WHERE

安心・安全な場をつくる

STEP 5

どのように HOW

参加者の力を引き出す

謝辞（あとがきにかえて）――この本を手にとってくれたあなたへ

カバーデザイン／漆崎勝也（朝日メディアインターナショナル）

本文デザイン・DTP／マーリンクレイン

参考文献

『「親切」は驚くほど体にいい！』デイビット・ハミルトン著、有田秀穂監訳　飛鳥新社
『新版　すべては「前向き質問」でうまくいく』マリリー・G・アダムス著、鈴木義幸監修、中西真雄美翻訳　ディスカヴァー・トゥエンティワン
『WHYから始めよ！』サイモン・シネック著、栗木さつき翻訳　日本経済新聞出版社
『成人教育の現代的実践』マルカム・ノールズ著、堀薫夫、三輪建二翻訳　鳳書房
『マーケティング・インタビュー　問題解決のヒントを「聞き出す」技術』上野啓子著　東洋経済新報社
『神話の力』ジョーゼフ・キャンベル、ビル・モイヤーズ著、飛田茂雄翻訳　ハヤカワノンフィクション文庫
『グーグルのマインドフルネス革命―グーグル社員5万人の「10人に1人」が実践する最先端のプラクティス』サンガ編集部著
『紛争の心理学―融合の炎のワーク』アーノルド・ミンデル著、永沢哲監修、青木聡翻訳　講談社現代新書
『本当の勇気は「弱さ」を認めること』ブレネー・ブラウン著、門脇陽子翻訳　サンマーク出版
『爆笑する組織――会社を強くする「だじゃれ」仕事術』鈴木ひでちか著　自由国民社

STEP 1

誰が
WHO

自分を整える

講師やファシリテーターとして人やチームに関わる際に、何をやるか、どうやるかを考える前に、その場に関わる、自分自身のプレゼンス（あり方）を整える必要があります。

すべての基点となるプレゼンスが整っていなければ、どんなにテクニックや知識があっても、場や参加者によい影響を与えることはできません。

まずは、自分の内側を整えることからはじめていきましょう。

自分自身のプレゼンス（あり方）を整える

映画「スター・ウォーズ」に学べ！
～〝ダークサイド〟からではなく、〝ライトサイド〟から関わろう！

映画「スター・ウォーズ」では、銀河を司るエネルギー「フォース」には、光明面のライトサイドと暗黒面のダークサイドがあることが描かれています。

ダークサイドの使用者は、恐れや怒り、憎しみといった暗い感情から力を引き出し、ライトサイドの使用者は、善意や慈悲、癒しから力を引き出して、周囲と関わろうとします。組織開発や研修を行なうときに、講師やファシリテーターは、どちらのフォースを使えばいいでしょう？

言わずもがなですが、**講師やファシリテーターは、参加者の可能性や才能、変化、創造性を心から信じるライトサイドからの関わりが必要**です。

私には、まだ生後5ヶ月の息子がいますが、赤ちゃんを見つめる親心に近いかもしれません。親が赤ちゃんを見て、「自分ではまだ何もできない奴だ」とか、「言葉もしゃべれないし歩けない、どうしようもない欠点のある人間」というレッテルを貼るでしょうか？ 答えは否ですよね。俗に「親ばか」とも言うように、世界中の誰よりも我が子を慈しみ、可能性を心から信じて、期待をかけて、一生懸命、世話をするでしょう。

教育の世界では、「ピグマリオン効果」という心理法則があります。**教師の期待のかけ方によって学習者の成績が変わるとされていて、期待をかけられた生徒の成績は上がり、期待されなかった生徒は下がった**という実験結果が出ています。

また量子物理学の世界では、「観測問題」と呼ばれる「見るものが見られるものに影響を及ぼす」という説があります。

アメリカの物理学者、フリッチョフ・カプラ氏は「自分が電子の観測法を意識的に決めることで、その電子の性質はある程度決定される。私が電子を『粒子』とみなして質問すれば、『粒子』としての答えが返ってくる。私が電子を『波』とみなして質問すれば、『波』としての答えが返ってくる」と言っています。

つまり、**ライトサイドに立って、参加者を才能、創造性がある存在と信じて関われば、その通りの反応になり、ダークサイドに立って、不足、不満、不安のある存在とみなして関われば、それもまた真になる**ということです。

ゆえに、「**参加者の可能性を心から信じて関わる**」という、ライトサイドから関わるプレゼンスが、何よりもいちばん、必要なのです。

まず、自分の土台をつくることからはじめる

～相手を変えようとする前に自分を変えよう！

同じことを言っても、説得力がある人とない人がいます。知識や技術があっても相手の共感を得られる人と得られない人がいます。その違いはどこにあるのでしょうか。

たとえば、汚職問題で追及されている政治家が、「誠実さが大事です！」とどんなに声高に叫んでも、誰も信じてくれないでしょう。

組織のリーダーも同じです。メンバーに「遅刻するな」と注意をしている、当のリーダー自身がいつも会議に遅刻していると、メンバーは心の中で、「あんたには言われたくない」と思うはずです。

かつての私もそうでした。「メンバーより仕事量が多いし、いろんな会議をはしごして来てるんだから、冒頭の5分くらい遅れてもいいだろう」と、毎回、遅れていく。メンバー

は当然、快く思いません。気づいたときには私は、いつも遅刻してくる、仕事のできないリーダーとの烙印を押されてしまっていたのです。

つまり、**その場をリードする人間がどんなに正しいことを言ったとしても、本人がそれを守り、体現していなければ、その言葉は効力を発揮することはない**のです。不思議なことにそれは、**初対面の講師やファシリテーターと参加者との間にも起こります。日頃から自分がやっていることと、他者に伝えていることとの乖離があると、自分のあり方や言動から、相手にそれが伝わってしまう**のです。

そうならないためにも、日常から自分の振る舞いを見つめて、自分なりに正していくことが必要です。自分が不誠実なことをしていないか、相手に伝える前に自分という存在をきちんと見直してみることが必要です。

つまり、**相手を変えようとする前に、自分が変わることが何より大事**なのです。

当たり前のような、基本的なことですが、この自分自身の根本的な状態が整っていなけ

人の生き方の３階層

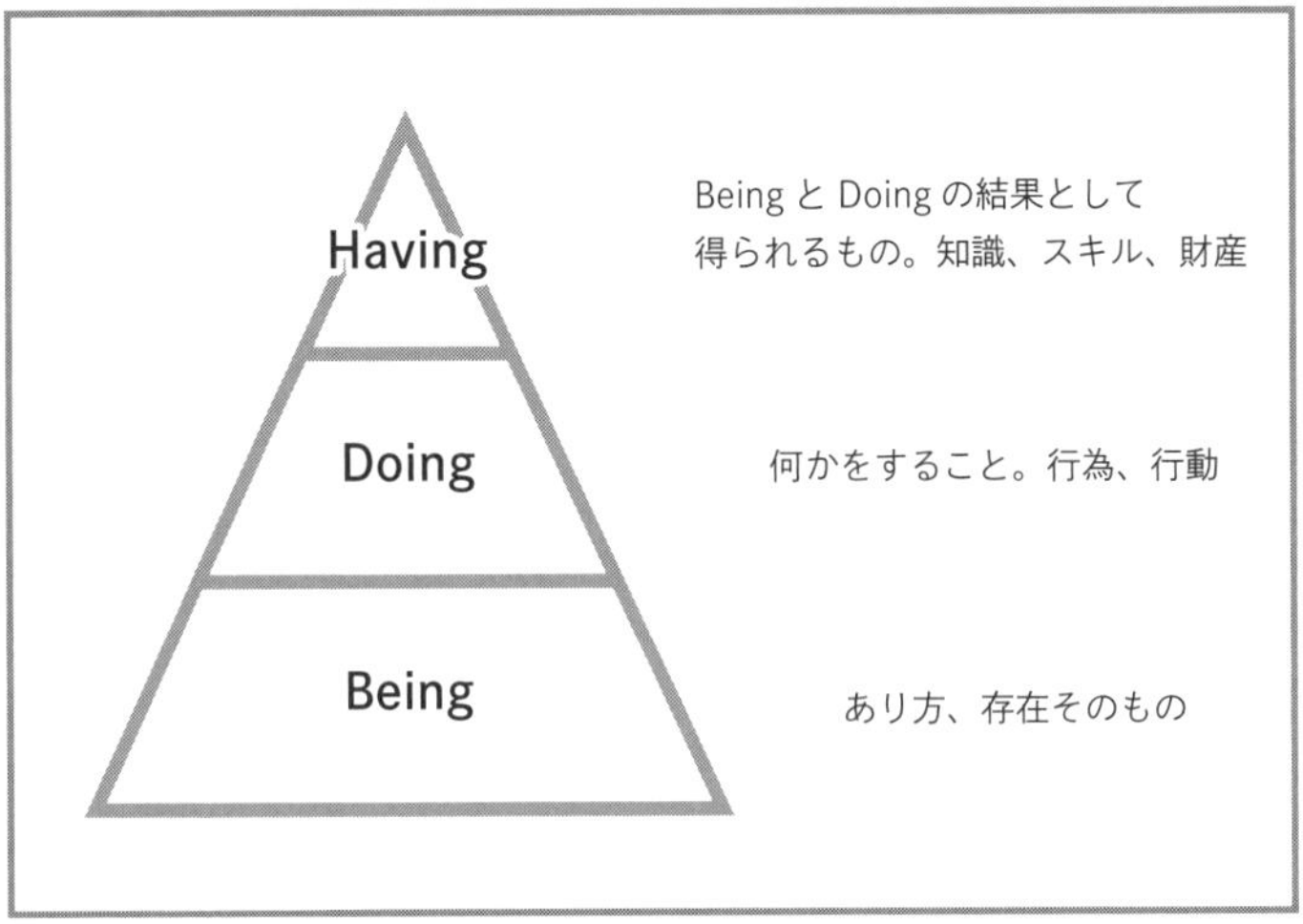
Having
Beingと Doingの結果として
得られるもの。知識、スキル、財産
Doing
何かをすること。行為、行動
Being
あり方、存在そのもの

れば、どんなテクニックや知識を駆使しても、相手に影響を与えることはできません。

むしろ、相手から「ご高説はありがたいけど、あなたはどうなの？」と思われてしまいます。

上の図は、人の生き方を3つの階層で示したものですが、私たちは、かたちとして目に見えやすい、「自分がやっていること＝Doing」や「所有しているもの＝Having」に目が行きがちですが、**いちばん大事なことは土台部分の「Being＝自分自身のあり方」であり、この土台をきちんと整えることが重要**なのです。

気がかりなこと、「未完了」をなくし、「今、ここ」に全力であろう！

人としての土台となる、「Being＝自分自身のあり方」をきちんと整えるためには、いくつかのポイントがあります。

そのひとつが、**「やろうと思っていて、やっていないこと」や「やめようと思っていて、やめていないこと」などの未完了な、気がかりなことをなくし、「今、ここ」に全力を尽くす**ということです。

講師やファシリテーターは、ひとたび場が開かれたら、常にその場に自分の意識の矢印を向けて、全エネルギーを注がなければなりません。

参加者は話の内容を真剣に受け止めているか、困っている人はいないか。参加者をよく見ることで、表情の変化に気づいたり、理解度を確認できるようになります。

一見、簡単そうに見える、「今、ここ」に力を尽くすということは、やってみると意外に難しいものです。なぜなら、人はいつも大小さまざまな「気がかりなこと」を抱えており、そのことが思い浮かんだ瞬間、感情的な反応が次々に起こり、過去の失敗を悔やんだり、未来の不安に心を乱されたりしがちだからです。

たとえば、散らかったままの部屋、後輩に立て替えてもらったままになっている飲み会の会費、今朝の妻とのケンカ……一つひとつは小さなことでも、重なってくると、「何となく不安だ」「あのことが気になる」「帰ったら何とかしなくちゃ」と雑念が浮かび、本来すべきことに集中できなくなる経験は誰しもあるのではないでしょうか。

私もファシリテーションをしていて、何か気がかりなことがあると、そこに意識や感情の矢印が向いてしまい、目の前で起こっていることを結果的にスルーしてしまうといったことがよくありました。

そこで、コーチングの世界でも使われる「気がかりな未完了リスト」をつくってみたのです。すると、「いつも、社交辞令で終わっているクラス会の幹事を引き受けること」から、「中学のときにケンカ別れした親友と仲直りすること」まで大小さまざま、計20項目が出てきました。

そして片っ端からひとつずつ、実行していきました。仕事とはまったく関係のないことも含めて、これらの**気がかりなことを一つひとつ完了させていくことで、自分の中に眠っていたエネルギーが驚くほど湧いてきて、場に出ても、自分の意識を「今、ここ」に注ぐことができるようになっていった**のです。

列挙する項目は、どんなことでもかまいません。

気がかりなことを、自分なりに定期的に棚卸しをして、片っ端から片づけていく。

この**「未完了を完了させていく」ということが大事**なのです。

次ページの図は、私が作成した、自分が気がかりなことの領域を示す「気がかり7（セブン）スポーク」です。問題は、特定することで半分は解決したに等しいと言われますから、まずは書き出してみましょう。ぜひ、スッキリとした気持ちで「今、ここ」に集中できる行動習慣を手に入れてください。

あなたの「気がかりリスト」をつくってみよう！

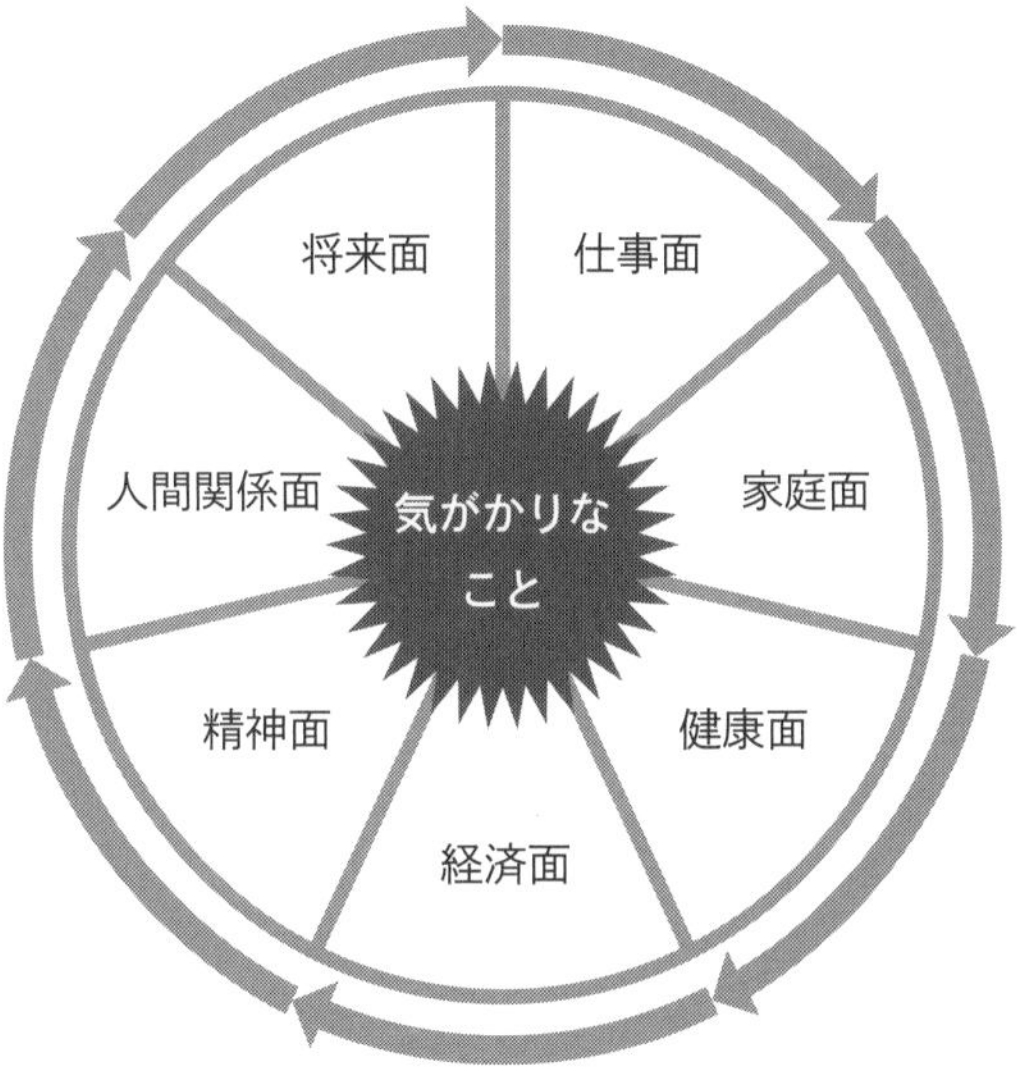

1. 私が、仕事面で気になっていることは……
2. 私が、家庭面で気になっていることは……
3. 私が、健康面で気になっていることは……
4. 私が、経済面で気になっていることは……
5. 私が、精神面で気になっていることは……
6. 私が、人間関係面で気になっていることは……
7. 私が、将来面で気になっていることは……

誰も見ていないところで小さな親切を積み重ね、自分のベースを整えよう！

自分の土台となる「Being＝自分自身のあり方」をきちんと整えるためには、**誰も見ていないところで小さな親切をする**のも、とても大事なことです。

中国に、開運のために必要なことは「1に宿命、2に運、3に風水、4に積陰徳《せきいんとく》、5に読書」という格言があります。この4番目の「積陰徳」とは、人知れず行なう善行であり、世間に知られない行ないです。よいことをすると、それが自分にも返ってくるとされ、「陰徳あれば陽報あり」とも言い、陰徳を積むことが人間には大切で、それが開運につながると言われています。

人知れず善行を積むというのがポイントで、人に言ってから実行するのは自分のエゴであり、見返りを求める行為で、「積陰徳」ではありません。

何も大げさなことをするのではなく、**挨拶をする、ゴミが落ちていたら拾う、スーパーの店員さんにきちんと感謝を伝える……そうした「小さな親切」を日々積み重ねていくと、不思議とエネルギーが満ちてくる**のがわかります。

脳科学的にも、人に親切にすると「オキシトシン」と言われる神経物質が脳内で分泌されて幸福感が増すということが実証されており、化学博士のデイビッド・ハミルトン氏は、親切な行ないをすることで以下５つの効果があると言っています。

①人への親近感、信頼感が増す
②ストレスが消え、幸福感が得られる
③血圧の上昇を抑える
④心臓の機能をよくする
⑤長寿になる

こんなシーンを思い浮かべてください。

あなたが、いつものように電車で通勤中のところ、座っていた自分の目の前に、大きなお腹を抱えた妊婦さんがやってきました。ちょっと照れもありましたが、思い切って席を立って妊婦さんに席を譲ったとき……どんな気持ちになるでしょうか。
きっと温かい気分になったり、「元気な赤ちゃんを産んでね」と相手を思いやる感情が湧いてくるはずです。

ここで生まれる「いい気分」の正体が、〝オキシトシン〟です。人に親切をしたり、人とのつながりを感じると分泌される神経物質で、最近では医学界でも注目を集めています。

人前に出たときにだけ、いいカッコをするのではなく、日常の中で人知れず、小さな善行を積み重ねていくことが、自分のベースを整えていくことにつながるのです。

誰もがすぐに実践できるように、日常に役立つ小さな親切リストを左に紹介します。

自分の心がけ次第ですぐに実行できるものばかりだと思います。ぜひ、小さな勇気で一歩踏み出して、親切を実行し、自分のベースを整えてください。

あなたもすぐできる“小さな親切”リスト

- □オフィスや地域のゴミを拾う
- □近所の人に挨拶をする
- □電車の中で、お年寄りに席を譲る
- □エレベーターから降りるときは、ボタンを押して「お先にどうぞ」と促す
- □運転中、列に入りたい車がいたら、前を譲る
- □両親や伴侶にあらためて感謝を伝える
- □友人・知人の誕生日には、おめでとうを伝える
- □後の人のためにドアを押さえておく
- □タクシーに乗ったときはドライバーさんに感謝を伝える
- □外食をしたら、お店の人に「おいしかったです」と伝える

小噺1

アリストテレスの教え「人を動かす3要素　エトス、パトス、ロゴス」でも、最初にくるのはエトス

古代ギリシャの哲学者アリストテレスは、人を動かす、説得する条件として「信頼性（エトス）、情熱（パトス）、論理性（ロゴス）」を挙げています。

L（ロゴス）は、言語、数字、データなどで根拠を示す論理的アプローチであり、筋道を立てて話をし、メッセージが明確であること、全体の構造が論理的にきちんと組み立てられていること、一つひとつの話に合理的な理由づけがなされていることなどを示します。

P（パトス）は、相手の感情と想像力を揺さぶる情緒的アプローチであり、感情に訴えること、喜怒哀楽を刺激すること、参加者がその話を自分のことのように受け止めて思わず心が揺さぶられることを示します。話者の個人的な体験やストーリー（物語）を展開することで相手の感情移入を誘発させます。

E（エトス）は、信頼や人柄、人徳で尊敬を得る信頼的アプローチであり、相手が話し手を信じ、頼ろうと思うのに十分な経験や知識が備わっていること、また、内容が話し手の利益ではなく、聞き手の利益になる、利他の精神で誠実に話していることが伝わることを示します。

この3要素の中で最も重要なのがエトスであり、アリストテレスは「話者はまず、エトスを確立しなければならない」とし、エトスには左の3つの要素があるとしています。

まさに、**アレテーの「徳」を積むことや、聞き手に対してエウノイアーの「好意」を持って接するこ**

と、さらに実践的な知を育んでいくことは、講師やファシリテーターのプレゼンス（あり方）を整えていくことと同義です。

ぜひ、エトスを持った上で、ロジカルに、でもエモーショナルに、場や参加者と向き合っていきたいものです。

アリストテレスの「人を動かす３要素」

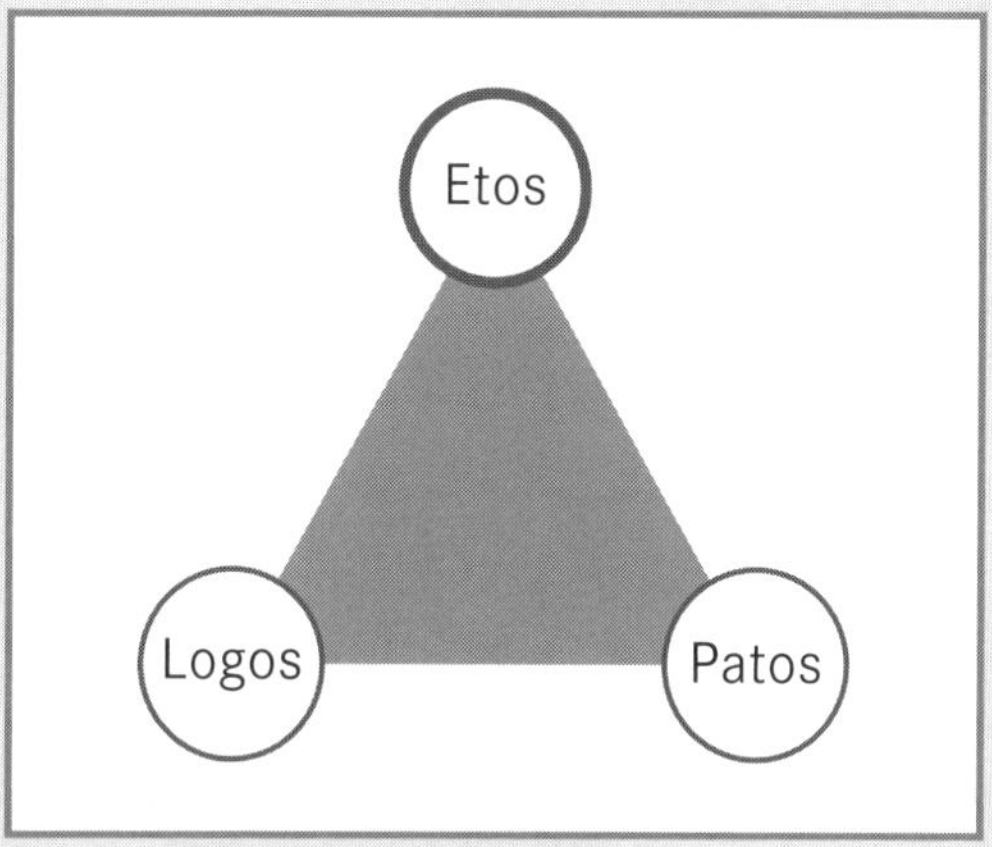

エトスを構成する３要素

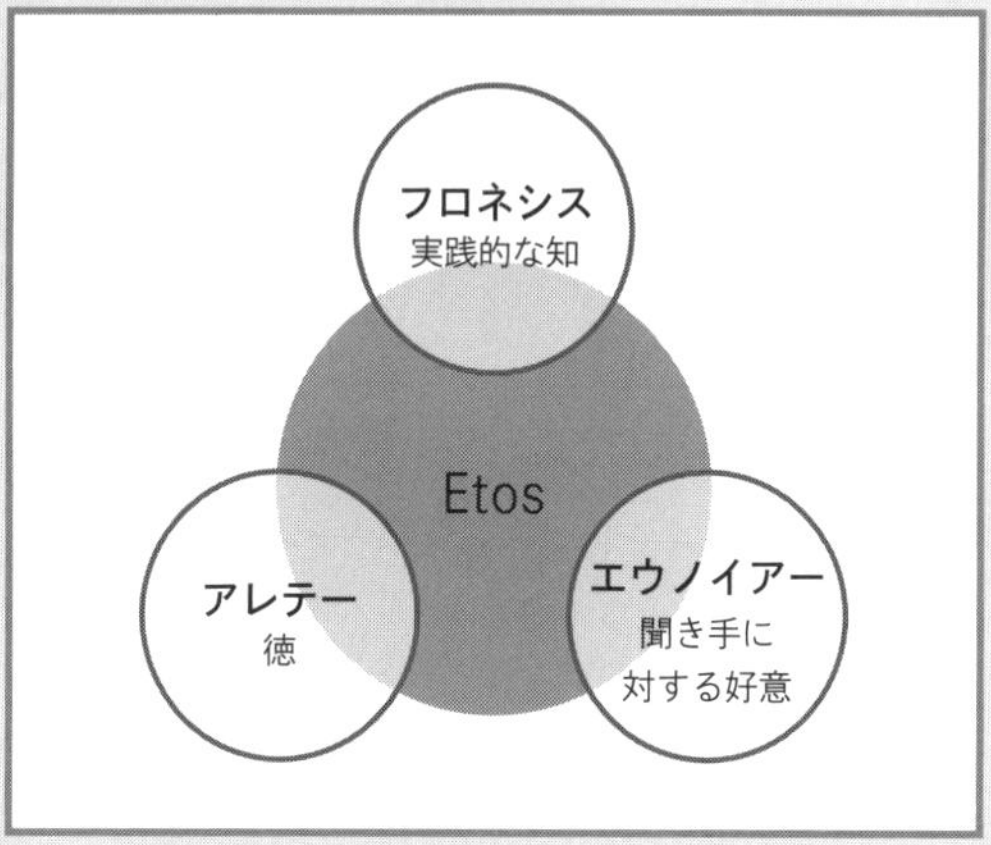

セルフアウェアネス（自己認識）を高める

グーグルやフェイスブックも注目！「瞑想習慣」でマインドフルになろう！

実際に場に関わると、さまざまなことが起こります。その際に、起きている表層的な事柄に左右されずに、今、ここで起こっていることは何か、その際、自分はどんな状態になっ

ているかをしっかりと自己認識できると、地に足が着いて、ファシリテーション力は格段に高まります。

自分のことに気づき、認識できている状態を「セルフアウェアネスが高い状態」と言いますが、このセルフアウェアネスを高める有効な手法に、瞑想（メディテーション）があります。

最近、Google や Facebook といったアメリカ西海岸の最先端のＩＴ企業でも瞑想（メディテーション）の効用が注目され、忙しいエンジニアやエクゼクティブほど、毎日、一瞬でも瞑想の時間を持って、「今、ここ」を大切に過ごし、心の状態を整えていると言われています。

瞑想とセットで語られることの多い「マインドフルネス」というキーワードがありますが、これは、「一切の判断を捨て、今この瞬間に集中する心のあり方」を指しています。

このマインドフルネスな状態を続けることが、心身のリラックス状態や免疫力の向上、ひいては集中力や洞察力、直感力、生産性の向上につながると言われています。

瞑想の流れ

① リラックスした姿勢に	●立っても、座っても、歩いてもよし。自分にとって居心地のよいリラックスした姿勢を取る
② 呼吸に意識を向ける	●自分の呼吸（吐く息、吸う息）に意識を向ける。そのときの体の感覚にも意識を向ける
③ 雑念を見つめる	●心配や妄想など、雑念が芽生えてきたら判断せず、ただ、好奇心を持ってそれを見つめてみる
④ 再び呼吸に意識を向ける	●雑念にとらわれずに、再び呼吸に意識を戻す

瞑想と聞くと、難しそうに感じるかもしれませんが、座っても、立っても、歩きながらでもできる簡単なエクササイズです。たとえば、上図の流れで実施します。他にもやり方はありますが、基本は、この4つのステップで十分です。

これを毎日たった5分。ただ座って、今、ここの自分の呼吸に意識を向けてみるだけです。「今、ここ」を意識するだけで、驚くほど、目の前のことに集中できるようになります。

私もかつては暇な時間が嫌で、時間が空くとすぐにスマホでSNSの投稿や「いいね！」の確認、無目的なネットサーフィンをしたり、何とか自分の隙間時間を埋めようとしていました。

結果、目の前の大切なことを見過ごしていました。

気づくきっかけを与えてくれたのは、5歳になる娘です。休日の昼下がり、娘と行った公園で「パパはいつもスマホいじっているよね！」と言われ、ハッとさせられました。

スマホいじりをやめて、今、立っているところを見ると、足元には可愛らしい娘の顔、公園の緑の木々、木々の隙間から降り注ぐ日差しの眩しさ、ブランコが揺れる心地よい音、懐かしい土の匂い……今まで見えなかった、聞こえなかった、気づけなかったモノやコトがそこかしこに溢れていました。

「今、この瞬間に起こっていることに注意を払う」

口で言うのは簡単ですが、我々は、どれだけできているでしょうか？

食事にしても、忙しいときはメールを確認しながら、食べているものにまったく注意を払わない。子供が話しかけているのに仕事のことを考えていたりする。日々のさまざまな行動は、オートパイロット（自動操縦）モードでこなしていることが本当に多いのではないでしょうか。

私は毎晩、寝る前に5分間だけ、瞑想をしています。瞑想をはじめてこんな変化がありました。

❶自分のコンディションを自覚できるようになる

毎晩、立ち止まる習慣をつくったことで、今日は疲れている、充実しているといった自分のコンディションがわかるようになり、それによって翌日、無理はできないなとか、セルフコントロールがきくようになる

❷人の話を深く聞けるようになる

今、ここで起こっていることを大切に扱うことのメリットを知ったので、人の話を、頭の中で否定や判断をせずに聞けるようになる

❸チームの状態を深く観ることができるようになる

チームやグループで対話をする際、これまでは、この先の進行や落としどころに意識がいっていたが、今、何が起こっているのかをありのままに見ることができるようになる

マインドフルな考え方は、「今、ここ」の場を扱う講師やファシリテーターのあり方と切っても切れない考え方です。ぜひ、取り入れることをお勧めします。

参加者との関わりに注意。A―B―C―Cのプロセスで「批判者」から「学習者」になろう！

『すべては「前向き質問」でうまくいく』の著者であるマリリー・G・アダムスは、**「人は人生のどの瞬間にも『学ぶ人の道』と『批判する人の道』のあいだで選択を迫られている」と言います。そして、批判する人は泥沼にはまり、学ぶ人は未来が開けるとしています。**

この考えは、講師やファシリテーターのあり方を考える際にも有効で、特に自分がうまくいかない批判者の泥沼に陥ってしまったときに、その状態を早く自己認識することが、そこから抜け出すきっかけになります。

そして、マリリー・G・アダムスは、自分が批判する人に陥ってしまったときには、「A

批判者と学習者の違い

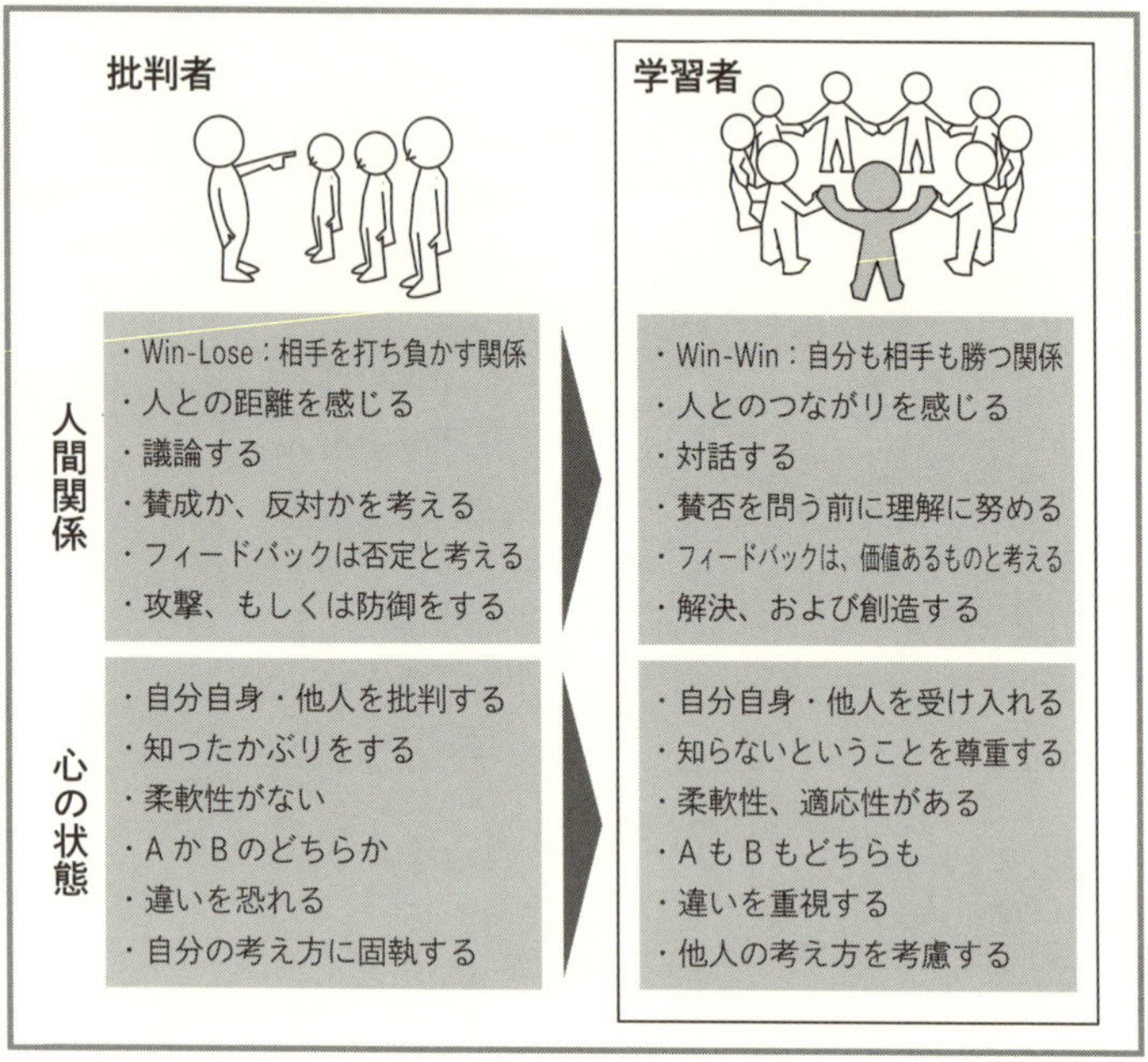

	批判者	学習者
人間関係	・Win-Lose：相手を打ち負かす関係 ・人との距離を感じる ・議論する ・賛成か、反対かを考える ・フィードバックは否定と考える ・攻撃、もしくは防御をする	・Win-Win：自分も相手も勝つ関係 ・人とのつながりを感じる ・対話する ・賛否を問う前に理解に努める ・フィードバックは、価値あるものと考える ・解決、および創造する
心の状態	・自分自身・他人を批判する ・知ったかぶりをする ・柔軟性がない ・AかBのどちらか ・違いを恐れる ・自分の考え方に固執する	・自分自身・他人を受け入れる ・知らないということを尊重する ・柔軟性、適応性がある ・AもBもどちらも ・違いを重視する ・他人の考え方を考慮する

『すべては「前向き質問」でうまくいく』を元に筆者作成

－B－C－C」のプロセスで自分の中にある「批判する人」に気づくことから、学ぶ人へスイッチしていくことを説いています。

つまり、もしファシリテーターであるあなたが、参加者との関わりでうまくいかないと感じたときは、自分が批判者になっていないか、まず疑ってみることが必要なのです。

まずは、自分が批判者になっていないか、自分に問いかけ（Aware＝気づき）、一歩下がって立ち止まり、

批判者から学習者へと脱するプロセス

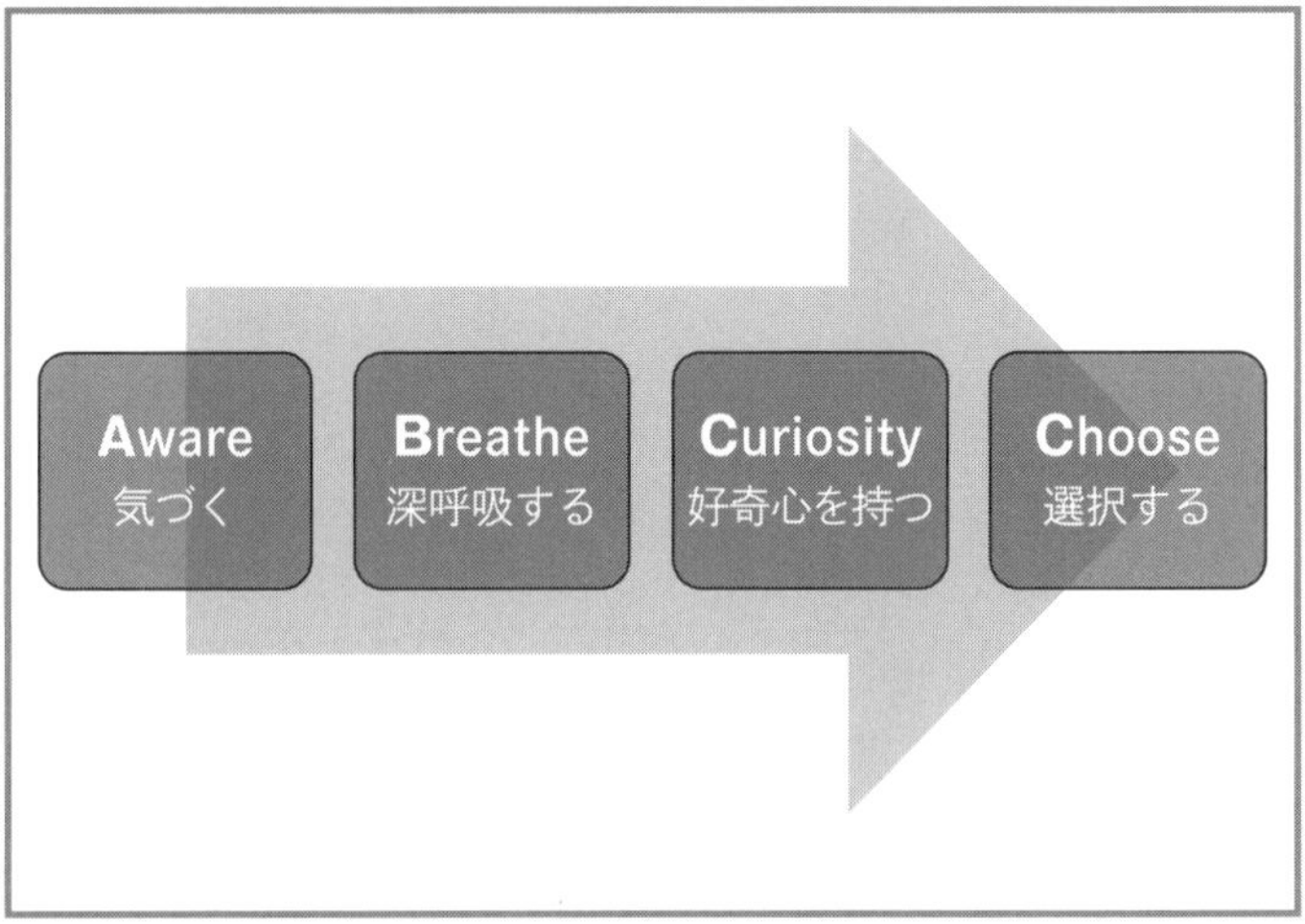

深呼吸（Breathe）し、状況を客観的に見つめ、今、ここで何が起こっているのかを好奇心（Curiosity）を持って見つめ、最終的に選択（Choose）をする。

このプロセスを自覚的に踏んでいくことが、批判者から脱していくことにつながるのです。

事前情報に左右されるべからず。〝バイアス〟(偏見)を外し、客観的にありのままに見つめよう！

「参加者の可能性を心から信じる」。ライトサイドから関わるプレゼンスの必要性を先にお伝えしました。

それに加えて**〝バイアス〟(偏見)も捨てる**必要があります。

キヤノン・オーストラリアが、プロのカメラマンはどこまで被写体の内面に迫れるかを探る、面白い実験を企画しました。そこでは、バイアスの怖さを物語る興味深い結果が出ています。

実験とは、6名のプロのカメラマンに、マイクという同じ男性の写真を撮ってもらうこと。カメラマンへのオーダーはたったひとつ、「彼らしく撮影すること」でした。

カメラの機材や被写体であるマイクの服装はすべて同じ。違うのは、写真を撮影する前に6名のカメラマンが個別に呼び出され、それぞれ、マイクの異なる肩書きを伝えられていたこと。

その肩書は、それぞれ「億万長者」「元アルコール依存症患者」「ライフセーバー」「元受刑者」「霊能者」「漁師」。

カメラマンたちは、それぞれのプロフィールのマイクの内面を引き出そうと、彼がリラックスするように、さまざまに声をかけながら、シャッターを切ります。

そして撮影終了後、驚くべき結果が出ます。

同じ被写体なのに、カメラマンによって、まったく異なる印象の人物が映し出されたのです。

どんなに公平に接しようとしても、事前の情報によって、プロのカメラマンにもバイアス（偏見）がかかり、それが被写体の切り取り方に影響を与えてしまったと言えるでしょう。

私も問題を抱えている組織のチームビルディングをしたいときなどに、事前に発注者や参加者にインタビューをすることがよくあります。その際、「あの人物はこういう人だ」というような、個人に対する印象情報をもらうケースが多いのですが、それをすべて鵜呑みにするのはよくありません。

広い視野を持って、「その立場や角度から見るとそうなんだな」程度にとどめることが肝心です。物事には多面的な見方があるということです。

プロセス指向心理学から学ぶ、ファシリテーターの〝ランク〟を自覚して意図的に関わろう！

ユング派の心理学者アーノルド・ミンデルが創始したプロセスワーク（プロセス指向心理学）に、「ランク」という考え方があります。人にはそれぞれ、年齢、経験、性別、学歴、肩書きといったような、さまざまな違いがあります。

そしてこの「ランク」には、**低い人からは、高い人との差が見えやすいが、逆に高い人からは、低い人との差が見えにくく、盲点となりやすい**という性質があります。

よくあるのは、職場で一番権限を持っているマネージャーが、飲み会の席などで「今日は無礼講だから、職場の改善点など思うところを言ってみて」とメンバーに言ってみるシチュエーション。でも、誰も何も言わない、なんていうシーンは想像に難くありません。

最近は、研修やワークショップでも「職場の問題について対話する」時間を設けることが少なくありません。ここにいる全員が平等の場で話すことを意図して、講師やファシリテーターも客観的に関わろうとしますが、うまくいかないことがあります。

なぜか。

その場の進行を司る人間は、参加者にとって圧倒的にランクが高いということを自覚しなければならないのです。講師やファシリテーターは、場の進行を担い、大勢の前でときには指示を出したり、まとめたり、その働きかけによって参加者は従ったり、動いたりするからです。

よく、ファシリテーターは「Be Neutral!（中立的であれ）」などと言われるため、それを鵜呑みにして、対話パートになると参加者の意見ばかり聞いて、まとめない、介入しない、時間がオーバーするというケースも見られますが、ファシリテーターは**自分の「ランク」をしっかり自覚して、まとめるときはまとめる、介入するときは介入する、そうした意図を持って関わることも求められます。**

小噺2

「今、ここ」を味わい尽くし、あり方を整える無音の名曲〝4分33秒〟

「今、ここを味わい尽くす」と言葉で言うのは簡単ですが、現代人の我々は、SNSやLINE、テレビ等々、情報洪水の真っ只中にいます。常に何かをしながらの、いわゆる「ながら」スタイルが蔓延している中、本当に、「今、ここ」の目の前にあるものを慈しむこと、尊いものとしてあるがままに受け止めることなど忘れています。

私も、テレビのバラエティ番組を見ながら夕食を食べていて、2日もたてば、もうあの日の晩、何を食べたかを思い出せないこともよくあります。

皆さんは、「4分33秒」という曲をご存じですか？　この曲は、ジョン・ケージという作曲家が1952年に作曲した曲で、「音楽は、音を奏でるものである」という固定観念をなくす、「無音」の楽曲です。

驚くべきことに楽譜に書いてあるのは、左ページの文字だけです。全楽章を通して、休止することを示す「TACET」と書かれているので、演奏者は、舞台上で楽章の区切りをジェスチャーで示すこと以外は、楽器とともに何もせずに過ごし、時間が来たら退場してしまいます。

この演奏の初演は、1952年ニューヨークで、ピアニスト、デイビット・チューダーによって行なわれ、彼はこのとき、第1楽章を33秒、第2楽章を2分40秒、第3楽章を1分20秒で演奏し、その合計

「4分33秒」の楽譜

Ⅰ	（第1楽章）
TACET	（休み）
Ⅱ	（第2楽章）
TACET	（休み）
Ⅲ	（第3楽章）
TACET	（休み）

時間4分33秒がこの曲の通称となっています。

4分33秒の沈黙をイメージしてみてください。ただひたすら静かに時間が流れていきます。すると、普段はあまり意識しなかったさまざまな音が聴こえてきます。自分の心拍音、唾を飲み込む音、観客の咳払いやざわめき、屋外の雨や風の音……。そうした余白の時間を持つことも、ときには必要ですよね。

今、あなたがこの本を読んでいるときにも周囲に音があり、座っている感触があり、部屋の温度、空調の音、光の度合いを感じています。そのすべてが、実は、今、この瞬間をあるがままに感じる尊い行為なのです。

インプレッション（印象）を効果的にマネジメントする

マイミラー（手鏡）を持って、外に出よう！

～男性は何歳から「おじさん」になってしまうのか

突然ですが、あなたは自分用の鏡を持っていますか？　そして、その鏡をいつも見ていますか？

当然、男性、女性で差が出てくると思います。女性は化粧ポーチに手鏡を忍ばせ、何かの際には、きちんと確認をしてから表に立つということをされている人が多いと思いますが、男性はこうはいきません。

ある調査によると、男性が鏡を見る回数は女性の30分の1と言われるほど少ないのです。以前の私も、鏡を見るのはお風呂に入るときと、朝、髭剃りするときくらいに限られていました。ある程度、年を重ねた男性からすると、何度も鏡を見るのは照れくさい、格好悪いという考え方が一般的だと思います。

一方、少数派ではあるものの、常に鏡でセルフチェックしている男性もいます。**鏡を持つことで、自分を客観視できるという効果があります。**鞄に手鏡を忍ばせ、研修やワークショップの前にセルフチェックするのです。

そして**鏡を見る人と見ない人では、年齢とともに外見に差がついてしまいます。**

博報堂生活総合研究所の調査に、「男性は、何歳からおじさんと呼ばれるか」という興味深い調査があります。調査結果によれば、男女によって回答分布にズレがあるものの、男性がおじさんを感じるのは42・4歳。女性がおじさんを感じるのは44歳からとなっています。

どうでしょうか？　私も20代のときは、いつも手鏡を持ち歩いて、合コン前にチェックするなんてことをやっていましたが、30代になり結婚し、子供もできると、さほど外見を気にしなくなってしまいました。そうして、世の多くの男性は年齢とともに外見を気にしなくなり、ある程度の年齢になると、急に老けこんでいきます。

そうしたヨレたおじさんにならないよう、まずは、手鏡や全身が映る鏡を手に入れてください。場に立つ前に全身が映る鏡で頭からつま先までくまなく見渡すと、スーツのしわやヨレ、埃などが目についたり、靴の磨き残しが見つかったりします。それらを直したり、「スーツの色に合わせて、このネクタイの色を取り入れよう」といった改善点が出てきます。

鼻毛は出ていないか、髭の剃り残しはないかも確認します。そうした**セルフチェックの習慣が、自分の外見、ひいては、内面をも整えることにつながります**。

私は出張が多いこともあって、手鏡の他に鞄のトラベルセットの中に、使い捨ての髭剃りや簡易靴磨き、シミ抜き、ボタンをつける簡易裁縫セットも常に忍ばせています。

30代以上の男性が今から鏡を見る習慣を身につければ、後々、大半の男性に差をつけることができるチャンスとも言えます。一緒にがんばりましょう！

能の大成者、世阿弥に学ぶ「3つの目」
～自分ビデオ鑑賞で客観視しよう！

自分の姿や声をビデオやレコーダーで見たり聞いたときのあの恥ずかしい感覚は、誰にも共通する感覚だと思います。自分で思っている「つもり」の自分と、他者の目や耳に映る「実際の」自分とのギャップに直面するからです。

前項の「鏡」以上に自分自身を客観的に映すツールとして優れているのが「動画撮影」です。今はビデオ機材を持ち出さなくても、スマートフォンやタブレットの録画機能を使って、自分が話をしている、あるいは動いている姿を撮影することが容易な時代です。

私もここぞというときの前は、必ず、タブレットの動画録画機能を使って、自身のデモンストレーションを撮影するようにしています。そして慣れてきたら、**音声をOFFにして見ることをお勧めします。声がなくなることで、より鮮明に自分の状態が見えてきます。**

いつもより上体が揺れていたり、目が泳いでいたり、瞬きの回数が多かったり、無意識に自分がやっていることが見えてきます。この**無意識にやってしまっている自分の行動を認識し、意識的に改善に取り組めば、理想の自分に変えていくのは比較的、容易なこと**です。

こうした無意識の自分を自覚的に捉えて、改善をしていくことの重要性は、遥か昔の大先達もメッセージとして残しています。

日本の能の大成者である世阿弥《ぜあみ》は、『花鏡《かきょう》』（1424年）という能の奥義を示した古典の中に下記の文章を書いています。

舞に目前心後《もくぜんしんご》と言ふ事あり。
目を前に見て、心を後ろに置けとなり。
見所《けんしょ》より見る所の風姿《ふうし》は、我が離見《りけん》なり。
然れば我が眼《まなこ》の見るところは、我見《がけん》なり。離見の見にはあらず。
離見の見にて見るところは、すなわち、見所同心の見なり。
その時は、我が姿を見得《けんとく》するなり。

このメッセージを超訳すれば、世阿弥は、3つの目を持つことが必要だと言っています。

①我が眼の見るところ（我見＝自分の目）
②見所より見る所の風姿（離見＝観客の目）
③離見の見にて見るところ（離見の見＝第3の存在、神の目）

①の我見（＝自分の目）は誰しも意識するところ、②の離見（＝観客の目）は他者の目で課題を把握し、修正に努めること。そして世阿弥は、さらにレベルの高いところまで言及しています。

③の離見の見（＝第3の存在、神の目）です。

この第3の目は、脳科学的に言えば、メタ認知と呼ばれるものです。

メタ認知とは、簡単に言えば、自分の現在置かれている状態や様を客観的に認知、把握する能力のことを指します。

当事者になるほど自分が置かれている状況を客観的に見ることは難しくなりますが、そういったときこそ、冷静に自分の置かれている状況を観察し、最適な選択をしていくことが必要です。

野球のこんなシーンを思い浮かべてください。日本シリーズ最終戦、1点リードの9回裏2死満塁、当事者である選手自身、ピッチャーとバッターは、心臓の鼓動が高鳴り、大観衆の声援に気負い、自分たちの現状を客観的に見ることは、なかなか難しいでしょう。

ここで、戦況を第3の目で客観的に見ることができる存在がいます。それは、実況中継をしている解説者です。彼らはいたって冷静に、「こういうケースでは、ピッチャーはこのコースを攻めてくるはずだ」とか、「スクイズが効果的だ」とか、状況に応じたさまざまな選択肢を挙げて解説します。解説者の解説は、ゲームの状態をより客観的に全体の中で捉えることの意義を教えてくれるのです。

私は、このメタ認知能力を高めるために、自分の姿を録画で見ること以外に、研修やワークショップの開始前に、参加者が座る椅子に自分で座ってみます。そして、自分が講義やファシリテートをしている姿をイメージするのです。

すると、「この会場だと、声量をいつもより上げないと後方まで届かないな」とか、「空間的に後方と距離感があるので、自分から前に移動して働きかけないと参加者を巻き込めないな」といったシーンが目に浮かぶのです。

ぜひ、「我見」にとらわれずに、さまざまな角度から自分の姿を検証してください。

本当は怖い、第一印象
～ファーストコンタクトから勝負をしにいこう！

第一印象の重要性は、多くの書籍で論じられていますが、ここでは第一印象の怖さとそれを防ぐためのポイントに絞ってお伝えします。

最も気をつけるべきは、**第一印象の一部は自分が登場する前からすでにでき上がっているということです。**

それは、場に参加する人たちにこの場の目的を事前にどう周知しているか、運営サイドはどんな案内文を送ったか、メールにはどんなメッセージがあったか、講師やファシリテーターのプロフィールはどのように紹介されているか、開始前に会場で参加者とどんな言葉を交わしたか……そういった事前のすべてのやりとりによって、第一印象がつくり出されているからです。

だからこそ、登壇前に力を抜くことは絶対に許されません。

こうしたことに対処する事前準備の重要性は後段で詳しく触れますが、**最初に悪い印象を持たれると、それを巻き返すことに多大なエネルギーを注がなければならなくなる**というリスクを知っておくことが重要です。

講師やファシリテーターは、登場の瞬間から参加者によってさまざまに評価されます。登場時点の第一声の挨拶や声から、「神経質そう」「自信なさそう」「真面目そう」「つまらなそう」「テンション高そう」「若造だ」……。本人の知らない間に最初のイメージが固定されてしまいます。

第一印象の怖さは、その人のことをあまり知らないのに、イメージが形成されてしまう点にあります。

印象は、聞き手と話し手がこれまで何の接触もなく、関係が希薄な状況であっても、ほとんど瞬間的につくられます。対人心理学でも、人は、最初に与えられる情報で外見的な特徴を観察し、その後に行動や性格などを評価する傾向にあるとされています。

もちろん、話を聴いているうちに「思ったより面白いな」とか、「意外とつまんないな」と評価は変わるものの、参照点は常に最初の印象です。

第一印象を形成する４つのカテゴリー

顔カテゴリ	髪型、髪の色、目鼻のパーツ、化粧
服装カテゴリ	色彩、素材、時計、靴、持ち物
声カテゴリ	音程、滑舌、高低、速度、清濁
体型カテゴリ	身長、姿勢、体重

ゆえに、最初に相手の前に立ったときのファーストコンタクトで相手にどんな印象を与えているかを常に意識する必要があります。**最初のごく短いカウンターで、いかに自分が理想とする印象を相手に先制パンチとして受け取ってもらえるかがポイント**になります。

そうした、いわば「言い訳のきかない第一印象」に気をつけるポイントとして、上の４つのカテゴリがあります。

この中で、自分では変えられない「目鼻のパーツ」や「体型」などは別にして、残りは自分の意識と行動で変えていくことが可能です。ぜひ、相手に望ましい印象を与えるために意識的に改善してください。

アップル社のマーケティングに学ぶ「WHYからはじめよ」

～自分が心から信じている動機からはじめよう！

自分の印象を効果的にマネジメントすることについて述べてきましたが、**最終的に一番必要なのは、やはり、自分が心から信じていること、動機からはじめるということ**です。

人は、話し手が心から信じている信念に触れると、影響を受ける傾向にあります。

自分が心から成し遂げたいと思っていること、どうしても伝えたいこと、志のために貢献したいこと、達成したいこと、役に立ちたいこと……どんな動機でもかまいません。**思わず自らが突き動かされてしまうもの。この動機なくして、人にモノを伝えるパワーは生まれません。**

講師やファシリテーターとしての技術も重要ですが、それ以上に、私心なく、「私は、あなたに、これを伝えたいのだ」という純粋な動機、「志」に勝るものはありません。

忙しく、雑音が多い現代だからこそ、ひとり静かになれる時間を持って、自分の心の声強いイメージをつくる「ゴールデンサイクル」

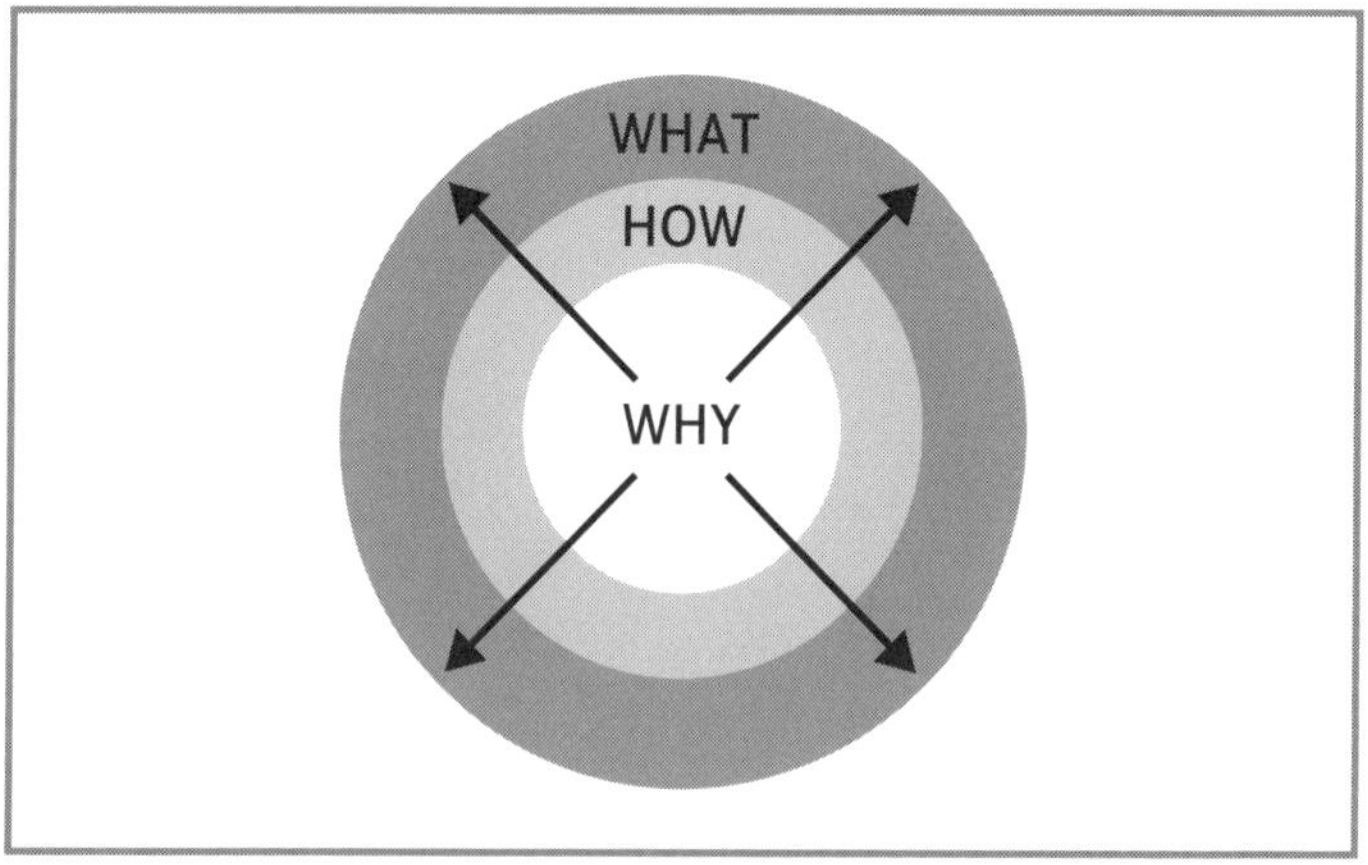

に素直に耳を傾けてみることも必要です。

米国のマーケティングコンサルタントのサイモン・シネックは、その著書『WHYから始めよ！』（日本経済新聞出版社）で、**心を震わせるメッセージは、ゴールデンサイクルの中心にあるWHYからはじめることが必要であると**しています。ゴールデンサイクルとは、上の図のように中心から外側に向けて、WHY、HOW、WHATの順で構成されており、一番内側のWHYからはじまるメッセージをデザインすることの有効性を訴えています。

なぜ、それが必要なのか？　自分が心から信じる動機から、メッセージを発信することのパワフルさを説いているのです。

メッセージの発信の順番について、アップル社とその他メーカーでは、左図のような違いがあります。

つまりアップルを選択する人は、製品（＝ＷＨＡＴ）を買うのではなく、思想や提示されたライフスタイル（＝ＷＨＹ）に共感し、信頼しているのです。そういった意味では、まさに、アップル社の「ＷＨＹ」を買っているということです。

さぁ、あなたの「ＷＨＹ」は何でしょうか？

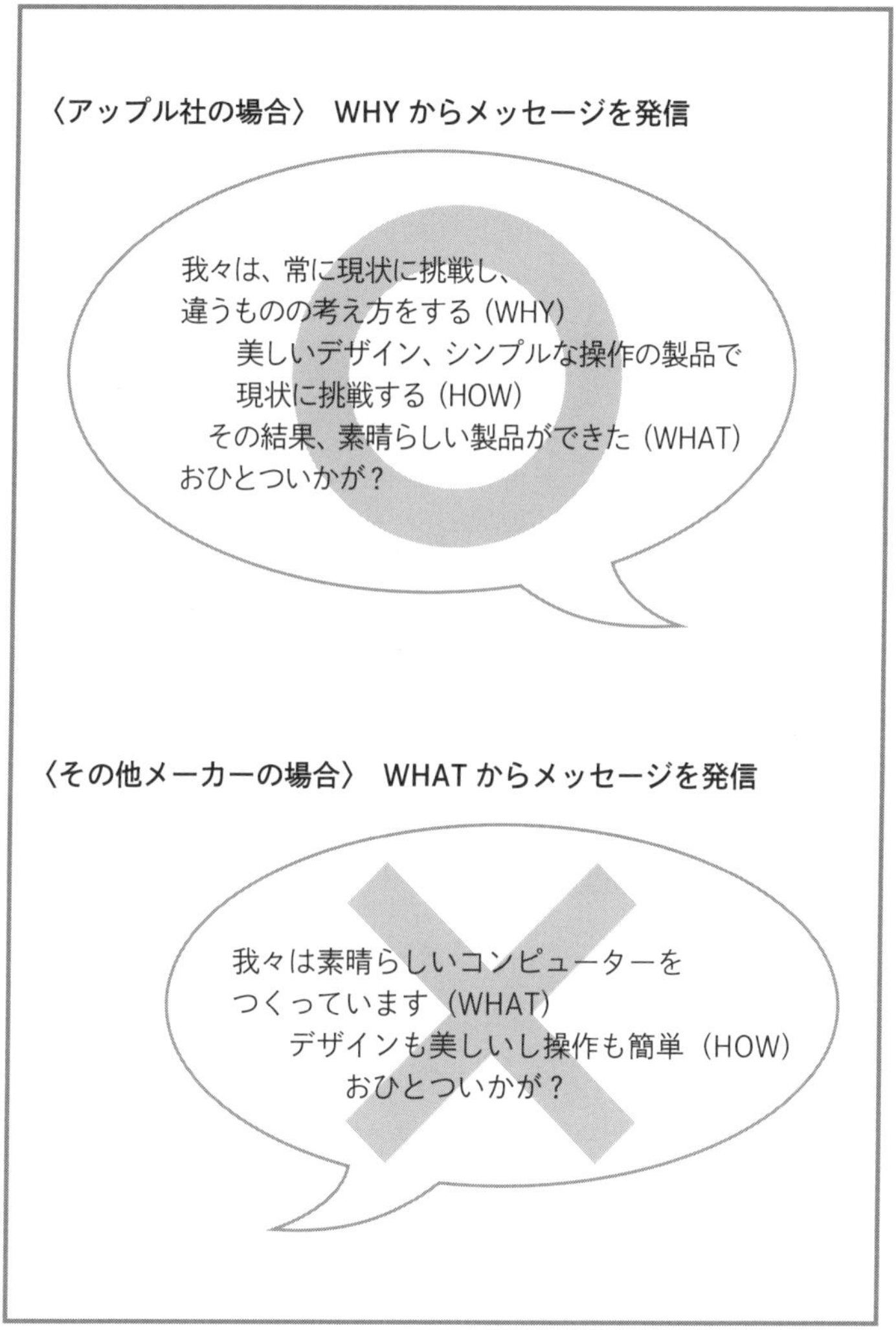
〈アップル社の場合〉 WHY からメッセージを発信
我々は、常に現状に挑戦し、
違うものの考え方をする（WHY）
美しいデザイン、シンプルな操作の製品で
現状に挑戦する（HOW）
その結果、素晴らしい製品ができた（WHAT）
おひとついかが？
〈その他メーカーの場合〉 WHAT からメッセージを発信
我々は素晴らしいコンピューターを
つくっています（WHAT）
デザインも美しいし操作も簡単（HOW）
おひとついかが？

小噺3

貧しくてもオシャレ、コンゴ人に学ぶSAPEの原則

「SAPE」（サップ）というスタイルをご存じでしょうか？　コンゴ共和国（中部アフリカに位置する共和制国家）のファッションの一種です。SAPEとは、フランス語の「お洒落で優雅な紳士たち」という意味の「Société des ambianceurs et des personnes élégantes」の頭文字を取ったもので、サップスタイルを楽しむ人たちは、人々から敬意を持ってサプール（Sapeur）と呼ばれています。

紛争の絶えなかったこの地で、紛争が収束すると武器を捨て、エレガントな装いをしようと、スラム街で質素な生活をしながらも、給料の半年分を洋服代につぎ込み街を闊歩する。

彼らは決して裕福な人たちではなく、平日は土木や日雇い等の仕事に従事し、休日になると着飾って街に繰り出す。

貧しくても、辛くても、一張羅のスーツを着ることで自分自身を変え、周囲に勇気を与えることができるという彼らの美学。

彼らは、自分たちだけではなく市民までをも勇気づけるエンターテイナー。

サプールたちは決して闘いません。闘ってはいけないのです。

「武器を捨て、エレガントな装いをしよう」

彼らは、お洒落をすることに強いこだわりを持っているだけでなく、武器を持たずに平和を願う生き

「地球イチバン」
写真提供：NHK

方を貫いているのです。

サプールはこう言います。

「サプールをしている間だけは、辛い生活を忘れることができるんだ」

上質な生地の洋服と折り目正しいスーツは、荒んだ心を調え、争いより平和を、競争より協調を呼び戻し、コンゴの人たちにとっての正しい生き方の象徴にもなっています。

日々の考え方、装いを一新することで、こんなにも変化が生まれる。SAPEから学ばずにはいられません。

新人講師・ファシリテーターの「困った」を解消する7つの知恵 誰が編

講師・ファシリテーター自身の緊張を和らげる7つの方法

その1 1に準備、2に準備、3，4がなくて5に準備

緊張を和らげる特効薬は「準備」です。特にはじめて実施するプログラムやテーマなら、入念な準備が必要です。一番、伝えたいところだけをまとめた簡単なスクリプトをつくったり、当日どのように時間配分していくかを具体的にイメージしてみると、いろいろな過不足が見えてくるものです。

参加者に対話してもらうなら、本当にそのテーマで活発に意見が交換されそうか、自分が参加者になったつもりでイメージしてみましょう。そうした準備を重ねていくと、気持ちが落ち着いてくるのがわかるはずです。

その2 最初の10分に命をかけよ

1日の研修やワークショップは長丁場です。何時間もの場のイメージを最初から完璧につくる必要はありません。極論すれば最初の10分、ここは完璧なリハーサルを行ないたいところです。なぜなら最初の10分は、参加者と講師（ファシリテーター）との関係性や、参加者のこの場に臨む姿勢が決まる時間

帯だからです。今日の場の目的、なぜこのテーマに、参加者のあなたたちが向き合う必然性があるのか、今日はどんなやり方でどんな流れでこの場が進んでいくのか――それを納得感を持って伝えられるよう、徹底的に参加者の視点に立ってイメージしましょう。

その3 開始前に参加者をよく観よ

当日は、参加者の誰よりも早く会場に入りましょう。お勧めは、開始の1時間前。着いたらサポートしてくれるアシスタントさんと打ち合わせをしたり、資料、機材、備品の確認を早めに済ませます。

開始30分前くらいになると参加者が来るので、笑顔で挨拶して迎え入れるとともに、温かいまなざしで観察します。参加者同士の関係性は良好か、よそよそしいか、元気がありそうか、おとなしそうか、影響力のありそうな人はいるか、忙しく仕事に追われていそうか……そうして場を先に見て、参加者にチューニングを合わせます。

プロの落語家は高座に上がる前に舞台の袖で客の温度感を見て、今日はくすぐり（ギャグ）を多めに入れようとか、お子さんが来ているので艶話は控えようなどと決めていると言われますが、同じことです。

その4 「うまくやる」という意識を手放せ

最初の10分にすべてを注げという話をしましたが、開始の時刻が迫ると、緊張して「あれ？　何て言うんだっけ」「どうやろうか」などと、「今、ここ」ではない「先」に思考がいきがちです。そうなると、参加者を見ずに、用意していたタイムテーブルを何度も見直したりするなど、心がかき乱されます。

そんなときは、足元がふらついている悪いサインなので、どんなに緊張していても、いったん意識を「今、ここ」に戻すことを忘れないようにしましょう。自分の真下に碇《いかり》を降ろすような感覚で、うまくやろうとしていることで頭がいっぱいになっている自分を手放します。そうしてまっさらな状態で場に立ったほうが、よい結果を引き寄せることにつながります。

その5　自分だけのルーティンを実践せよ

ルーティンとは、どんなときでも同じ段取りを踏むことで、自分のパフォーマンスを出やすくする手法ですが、私のルーティンは、開始直前に、サポートしてくれるアシスタントさんに「今日はよろしくお願いします！」と敬意や感謝を示すことです。本番直前にエネルギーを高める、自分だけの儀式をつくって実践しましょう。窓の外に広がる景色を見る、自分が立っている床の模様を観察するといったことでもかまいません。自分のルーティンをつくって実践することで、いつでも、どんなときでも、いつもと同じ平常心を持って場に臨むことができるようになります。

その6　過去の絶賛アンケートで自信を取り戻せ

百戦錬磨の講師でも、落ち込むことはたびたびありますし、登壇前に、こんな難しいテーマは扱えない……と及び腰になることはよくあります。そんなときに自分を取り戻すには、過去の参加者のアンケートのコメントを思い出すのです。プログラムに対しての大絶賛の声、ファシリテーターをリスペクトしてやまない声。「自分のマネジメントに革命が起こりそうだ！」「今までとこれからを分かつターニングポイントになった！」「こんなに本音でチームの皆と向き合えた経験ははじめだ！」……。そんな声を思い起こすことで自己肯定感が高まり、いつもの自分で場に立つことができるようになります。

その7　緊張していること、自分の弱さ、脆さを認めよ

人は誰でも緊張します。むしろ適度な緊張感があったほうが、パフォーマンスが高まります。緊張しているときは、まずは緊張している弱い自分に気づくことが必要です。そして、その緊張を隠す必要はありません。特にファシリテーションをしているときは、自分の弱さや葛藤をさらすことも、ときには必要です。

「ありのままの自分をさらけ出せば、自分も周囲もやさしくなれる」と心理学者のブレネー・ブラウン教授も言っています。教授は、人は誰でも「Vulnerability（ヴァルネラビリティ）＝弱さ、脆さ」を持っていて、それをさらすのは居心地が悪いが、ときに勇気を持って開示することが、表面的な関係性ではなく、他者と深いつながりを築く上で有効であると言います。

ファシリテーションをする上でも参考になります。

STEP 2

誰に
WHOM

相手をよく観る

研修でもワークショップでも、伝える内容が先ではなく、「誰に」その内容を届けるのか、相手の存在が先にあることが大前提です。そのため、相手の状況を事前に最大限、把握することが必要です。

相手の前提や期待、置かれている状況によって、内容と伝え方が変わります。ターゲットである相手（誰に）を意識しないアプローチは成立しないということを踏まえましょう。

主催者の意図、参加者の状態を把握する

主催者の意図、場の目的を把握しよう！

～主催者の意図、講師（ファシリテーター）への期待を知る7つの確認ポイント

企業が主催する研修やワークショップでは、共感者が集う個人参加のセミナーとは異なり、対象となる相手は参加者だけではありません。なぜなら、その場を意図を持って企画

した主催者（人事・経営企画・経営者など）の存在があるからです。

主催者は、その場を何らかの目的で企図し、その目的の実現のために講師やファシリテーターに依頼をします。ゆえに、事前に主催者に場の目的や狙いなどをヒアリングし、その期待を超えられるような内容の準備を進めていく必要があります。

事前に確認すべきことは、主に以下の7点です。

❶依頼背景

依頼されるということは、顧客に自分たちだけでは解決できない、あるいは満たされない何かしらの課題や願望があるということです。課題解決や願望実現につながるように、まずはその課題や背景をきちんと把握することが必要です。

❷起こしたい変化

研修やワークショップを終えて、参加者が単に「よかった」「面白かった」だけで終わってしまっては、価値があると認められません。その機会や場を持つことで、以前と比較して、何がどう変わるのか、実施前、実施後の心理的状態、ビフォー・アフターを事前に設計し、握る必要があります。

❸目的

依頼を受けた研修やワークショップが単体ではなく、何らかの全体テーマの一部として位置づけられていることもあります。そのため、全体の目的を知り、目的に合致した設計にすることが必要です。ここを踏まえないと、全体との接続感のない、ちぐはぐな内容になりがちです。

❹期待

他にも選択肢がある中で自分に白羽の矢が立ったということは、何かしらの理由や、あなたにしか解決できない強みがあるはずです。自分に何を期待しているのかを直接聞いてみましょう。また、その際にあなたの強みを明確に伝えることも必要です。たとえば、パッションでぐいぐい押していくアプローチが得意なのか、参加者のよさを引き出すアプローチが得意なのかなど、特性を伝えると主催者も安心します。

❺時間帯

研修内容を検討するにあたって、時間を押さえることは基本です。たとえば、開始時間が早ければ、「参加者のテンションが低そうだな」とか、午後開始であれば、「眠気を催す参加者が多そうなので、一方向のレクチャーはなるべく減らそう」など、進行上の工夫ができます。たまに研修などで、朝9時開始、夜21時終了といった極端なケースがありますが、参加者の集中力、効果を考えても、お勧めできません。

❻前後パート

自分の担当する前後の文脈が、オフィシャルなかしこまった状態なのか、カジュアルな親しみのある場なのかによって、導入の温度感や、自身のテンションの状態を変える必要があります。事前にしっかり確認しましょう。

❼場内設備

参加者との距離感はどれくらいか、プロジェクターを使用できるか、マイクの形式は有線か無線か、などによって進行スタイルに差が出ます。たとえば、プロジェクターを使用したり、有線マイクを使う場合、スクリーンの位置やマイク線の長さが移動範囲を規定することになります。反面、スクリーンがなかったり、無線マイクであれば、会場内を自由に移動することができ、参加者への質問や問いかけも自在にできるようになります。

参加者を正しく理解しよう！

～参加者を知る7つの確認ポイント

主催者の意図や場の目的を把握したら、聞き手である参加者のことを把握します。そして参加者の属性や知識レベル、彼らが属する組織の慣習や特殊性を踏まえて、コミュニケーションの設計を行ないます。参加者を把握するときのポイントは、次の7点です。

❶年齢

年齢層によって、用いる時事ネタや言い回しもその人たちが共感するような内容に変える必要があります。講師の年齢よりも対象者の年齢が高い場合には、一方的に「教える」というアプローチより、対象者の経験をリスペクトし、「引き出す」アプローチ主体に変えることも必要です。

❷人数

参加者全員の名前と顔が一致する規模は、マイクロバス1台分（目安40名以内）と言われています。一人ひとりに目が行き届く場にしたいのであれば、40名未満が望ましいでしょう。グループ単位であれば、1グループ6人×6グループの36名が基本の上限と定めるといいでしょう。

❸性別

男女差については、特に偏りに注意する必要があります。また、性差に関わるような発言は、悪気や意図がなくとも過敏に受け取られてしまうリスクがあるので、どのような場合にも控えるようにする必要があります。

❹職種

営業職が対象なのか、技術職が対象なのか、スタッフ部門が対象なのかによって、対応の仕方が変わります。結論を求める（営業系）、根拠やロジックを求める（技術系）、現場での活用の仕方を求める（スタッフ系）と興味・関心のアンテナが異なるので留意しましょう。

❺文系・理系

一般的には、感情や人間関係を重視する文系と、論理や納得感を重視する理系とでは、話の組み立てや構成を変える必要があります。文系出身の参加者が多い場合はパッション重視で押していくことが多いのに対し、理系の技術者が多い場合は、エビデンスや論理をしっかりと踏まえていくことが求められます。

❻経験値

参加者の見えている視界（経験・知識レベル）を理解した上で、そこの視界に立って言葉を選んだり、働きかけていくことが必要です。

❼国民性

グローバル化の進展で、最近は外国籍の参加者も増えています。その国の歴史や文化、慣習、気質なども知っておかないと、恥をかく程度ではすまない場合もあります。勢いで言ったことがコミットメント（約束）になっていたり、ジョークが侮辱になるリスクもあるため、外国人の参加者が多い場合はケアをすることが必要です。

大人の学びを促進する、大人相手の教え方
～成人学習学の観点を踏まえて、参加者と向き合う

発注者の期待を事前に確認したように、参加者本人についても、何を考えているか、期待を事前に把握する必要があります。

しかし、主催者の意図や期待は直接、主催者に確認すれば事足りるのに対して、参加者の場合、一人ひとりに尋ねることはできません。だからこそ参加者の気持ちや置かれた立場を事前に考え尽くし、彼らの学習意欲を高める働きかけを行なうことが必要です。

企業研修やセミナーの場合、個人で自己投資して参加している人以外は、残念ながら意欲的に参加している人は少ないものです（もちろん、積極的に参加している人もいます）。「会社から行けと言われたから」「組織の要請で場が設定されたから」といったように、当初は後ろ向きであることが多いのが実情です。だからこそ、この場が自分にとっての学びの場として大変有効であるということを自覚してもらう必要があります。

参考までに、成人学習理論をご紹介します。米国の教育学者マルカム・ノールズによれば、成人の学習は子供の学習と異なり、大人に対して小中学生に教えるようにするのは、効果的な学習につながらないとしています。大人には大人の学びの観点を考慮して、働きかけることが必要なのです。

ノールズ氏は、大人の学びを促進する観点として次の4つを挙げています。

❶成人は、自立した学習者である

成人は、自立した存在でありたいという心理的欲求を持っており、その欲求を尊重しなければならない。したがって、強制や、無理やり教え込もうとするのは成立しない。

❷成人の過去の経験は、学習のための資源である

成人は学習のための資源となり得る過去の経験がある。学びを強化するために、過去のたくさんの経験を、可能な限り引き出して活用すべきである。

❸成人の学習意欲は、人生の発達段階に応じて生じてくる

人生には、仕事や社会・家族における役割、責任範囲などが変化する時期がある。こうしたタイミングは"teachable moment"と呼ばれ、学習に励もうとする機会を生み出す。こうした機会に提示された学習は理解されやすい。

❹成人の学びは、課題や問題に基づいて導かれる

成人は、自らが掲げる課題や問題を解決するための学びに意欲的である。その学びが現実の課題解決に直結するということを知ったとき、学習意欲は倍増する。

これらの大人の学びを促進する学習要件を考慮して、参加者に働きかけていきましょう。

小噺4

大人も学びになる、子供を育てる「モンテッソーリ教育」

モンテッソーリ教育をご存じでしょうか。Google や Amazon、Facebook の創設者も受けたと言われる、幼児期の「集中力養成」教育プログラムで、イタリア初の女性医師として活躍したマリア・モンテッソーリが、子供の知的発達を促す教育体系として確立したものです。

その教えの中に、教師が子供に接するときの心得12か条と呼ばれるものがあり、大人にもその学びの転用が可能なので紹介します。特に、研修講師が参加者と関わりを持つときに参考になります。

◆モンテッソーリ　教師の心得12か条

1 環境に心を配りなさい。
2 教具や物の取り扱い方を明快に正確に示しなさい。
3 子供が環境との交流を持ちはじめるまでは積極的に、交流がはじまったら消極的になりなさい。
4 探し物をしている子供や、助けの必要な子供の努力を見逃さないよう、子供を観察しなさい。
5 呼ばれたところへは、駆け寄り、交歓しなさい。
6 招かれたら、耳を傾け、よく聞いてあげなさい。
7 子供の仕事を尊重しなさい。質問したり、中断したりしないように。
8 子供の間違いを直接的に訂正しないように。
9 休息している子供や他人の仕事を見ている子供を尊重しなさい。仕事を無理強いしないように。

10 仕事を拒否する子供、理解しない子供、間違っている子供はたゆまず仕事への誘いかけを続けなさい。
11 教師を捜し求める子供には、そばにいることを感じさせ、感づいている子供には隠れるようにしなさい。
12 仕事がすんで、快く力を出しきった子供を静かに認めながら現われなさい。

いかがでしょうか？　子供と大人のよい関係の指針として、また講師と参加者のよい関係の指針としても参考になる観点が散りばめられていると思います。

相手に話が伝わらないバイアスを理解する

「伝える」と「伝わる」の違いを知ろう！

～100語っても相手に残るのは10？

あなたは、「伝える」と「伝わる」の違いについて考えたことはありますか？

一番大きな違いは、主語が自分にあるのか、相手にあるのかです。つまり「自分が伝える」のか「相手に伝わるのか」が、大きな違いです。そもそも「伝える」とは発信側の「行為」であり、「伝わる」は受信側の「状態」を指します。両者はそれぞれ次元の異なる概念であるにもかかわらず、混同されて「伝えたから伝わったはず」「言ったから理解されたはず」と誤解を招きがちです。

コミュニケーションの大事なポイントは、自分が言ったこと、伝えたことではなく、最終的に相手に何が伝わったかです。

100の要素を相手に語ったとしても、相手に100伝わることは、まずありません。もし、**100のうち、10しか相手に伝わらないのであれば、最終的に相手に何を残したいのか、伝えたいメッセージやゴールから逆算してから、相手へのコミュニケーションを設計する必要があります。**

なぜ、伝えたいことがなかなか伝わらないのでしょうか？

そこには、**人は自分が見たいものしか見ない、聞きたいことしか聞こうとしない**という特性が働いています。

今、あなたは、本書に書かれている活字以外にもさまざまな情報に触れているはずです。たとえば、今いる部屋の風景、室温、座っている椅子の感触、飲んでいるコーヒーの味、クーラーやヒーターの稼動している音、人の声、歩く音、ＢＧＭ、料理の匂いも感じるかもしれません。

このように我々は、五感をフル活用して、多くの情報に同時に触れているのです。しかし、私が指摘するまでは、それらの情報に気づかなかったのではないでしょうか。

人間は、多くの情報に触れていながらも、すべてを感知することはできない性質を持っています。どんな状況でも我々はそこで起きているすべての出来事について意識を向けることはできません。

つまり我々は、どこかに意識を向けることで、結果的に他の何かが削除されて、ごく一部を選択するということを脳の中で行なっているのです。

だからこそ、そうした性質を理解して、注意を他にそらさないようなコミュニケーションのあり方を考えていく必要があります。

参加者がおかれている状況

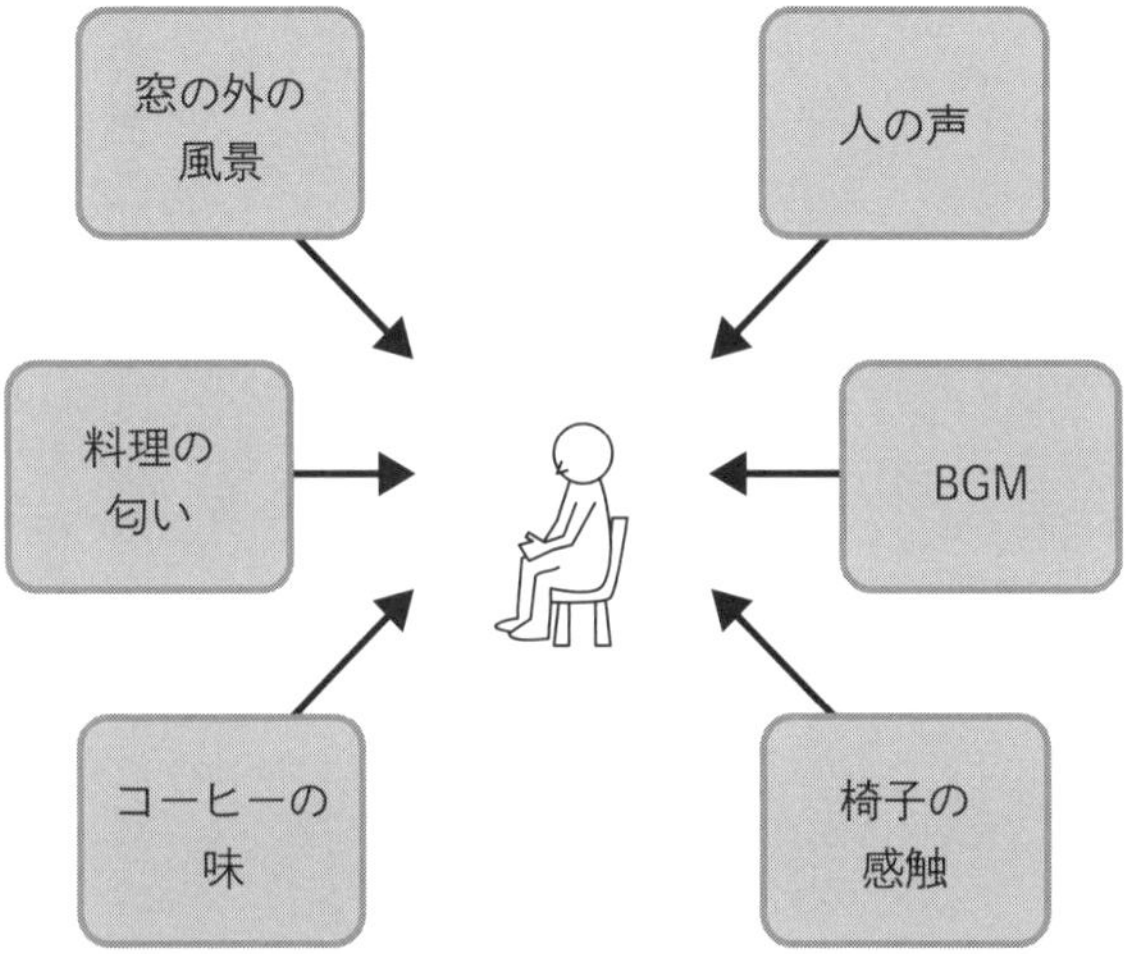

参加者はさまざまな情報を受けとっているが、そのすべてを感知することはできない。ゆえに、一番伝えたい、残したいものを研ぎ澄ませてから、コミュニケーションを設計する必要がある

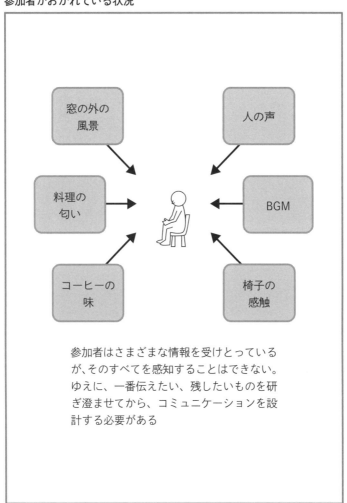

エスキモーは52種類の雪を見分ける!?

～「言葉の限界」が「思考の限界」であることを理解しよう！

人に伝えたことが伝わらない脳の性質の話をしましたが、他にも言語能力と思考能力が密接に結びついていることで相手に物事が伝わらないこともあります。

かつて哲学者のヴィトゲンシュタインは、**「私の言語の限界が、私の世界の限界を意味する」**と言いました。私たちは、日常的に言葉を使って意味を理解し、言葉を使って考え、行動しています。つまり、言葉とは考えるための手段であり、伝えるための道具であると言えます。

一節では、エスキモーは、氷や雪を形容する言葉を52種類持っていると言われますが、我々からすれば、区別はつきません。オーストラリアの先住民は、砂を形容する言葉をたくさん持っていると言われますが、これも同じく、我々では区別がつきません。

こうした例をとっても、言葉が世界の捉え方に影響を与えているという事実は明らかです。

そういった意味では、**自分の言語能力を高めるために、日ごろからのインプットの鍛錬を怠らないことと、相手の言語能力を事前に理解しておくことが必要**です。相手の言語能力に応じたコミュニケーションを行なわないと、相手に何も伝わりません。

私はかつて、高校1年生に「モチベーション」を題材に講演を依頼されたことがありますが、そもそも「モチベーション」という単語の意味が多くの高校生に伝わりませんでした。そこで、急遽「やる気」と言葉を換えて話をした経験があります。

専門用語やカタカナ用語の使用も極力控えたほうが無難です。これらの用語は特定の業界、職種など、仲間内の意思疎通を円滑にするために用いられるもので、異なる属性の人間からすると何を話しているかわからない、外国語を聞いているような錯覚に陥ってしまうことがあります。

「相手の使っている言葉を使う」意識を強く持ってください。

あなたの話が通じない3つの壁を理解しよう！

～事実と解釈の壁／文脈の壁／非言語の壁

❶事実と解釈の壁

複数の人間が同じ事実に遭遇しながらも、解釈が違うということは頻繁に起こります。そこには、その人の価値観やこれまでの経験、場に対しての期待や前提、もともと持っている先入観や好奇心、場の環境やそのときの気分や体調など、さまざまな要素が密接に絡み合っているからです。だからこそ、相手に解釈を委ねてしまうのではなく、「こう解釈して欲しい」というところまで、踏み込んでメッセージを設計する必要があります。

❷文脈の壁

あなたは、これまでに誰かから「今度、一緒に食事しましょう！」と誘われた経験があると思います。その言葉をどのように受け止めましたか？　もし、異性からプライベートで誘われたのであれば、相手が自分に対して好意を持っていると感じるでしょうし、自分が発注者で取引先の営業担当者から言われれば、相手は、ビジネスをうまく運びたいと考えていると感じるでしょう。

このように、「誰から、どんな文脈で話をされるか」によってもメッセージの受け取り方は大きく変わってきます。同じメッセージでも、どんな文脈で活用するかを意識してメッセージを設計しましょう。

❸非言語の壁

同じ言葉であっても、どのように発するかで受け取られ方は大きく変わってきます。

たとえば、部下からの報告をパソコンのキーを叩きながら、相手の目を見ず、体も向けずに聞いて、「わかった！　よくやった。それでいこう」と褒めても、相手は褒められている気がしません。想いを正しく伝えるためには、目線、表情、身振り手振り、声のトーンといった非言語的要素もしっかり加味してメッセージを伝えていく必要があります。

小噺5

立場が変われば、世界地図も変わる!?

我々が普段、見慣れている世界地図。実はこれは北半球用って知っていましたか？

南半球の人たちが見ている世界地図は、私たちが見ているものとは上下さかさま。左の地図で日本がどこにあるか、わかるでしょうか？　日本の地形も上下逆転しているので、どこにあるかすぐに見つけることは難しいはずです。

このように、我々が普段見ているものが、立場や状況が変わると一変してしまう、というようなことはよくあります。

たとえば犬の鳴き声は、英語では「バウワウ」、フランス語では「ウワウワ」、ドイツ語では「ヴァウヴァウ」、ロシア語では「ガフガフ」、中国語では「ワンワン」、韓国語では「モンモン」。全然、違いますよね。

その他、海外では要注意のハンドサインもあります。

こういったことからも、自分の常識を相手に押しつけることなく、相手には、自分が見えていることの景色がどう映っているのか、確かめる勇気も持って、相手と同じ景色を見るように努力してみましょう。

南半球用の世界地図

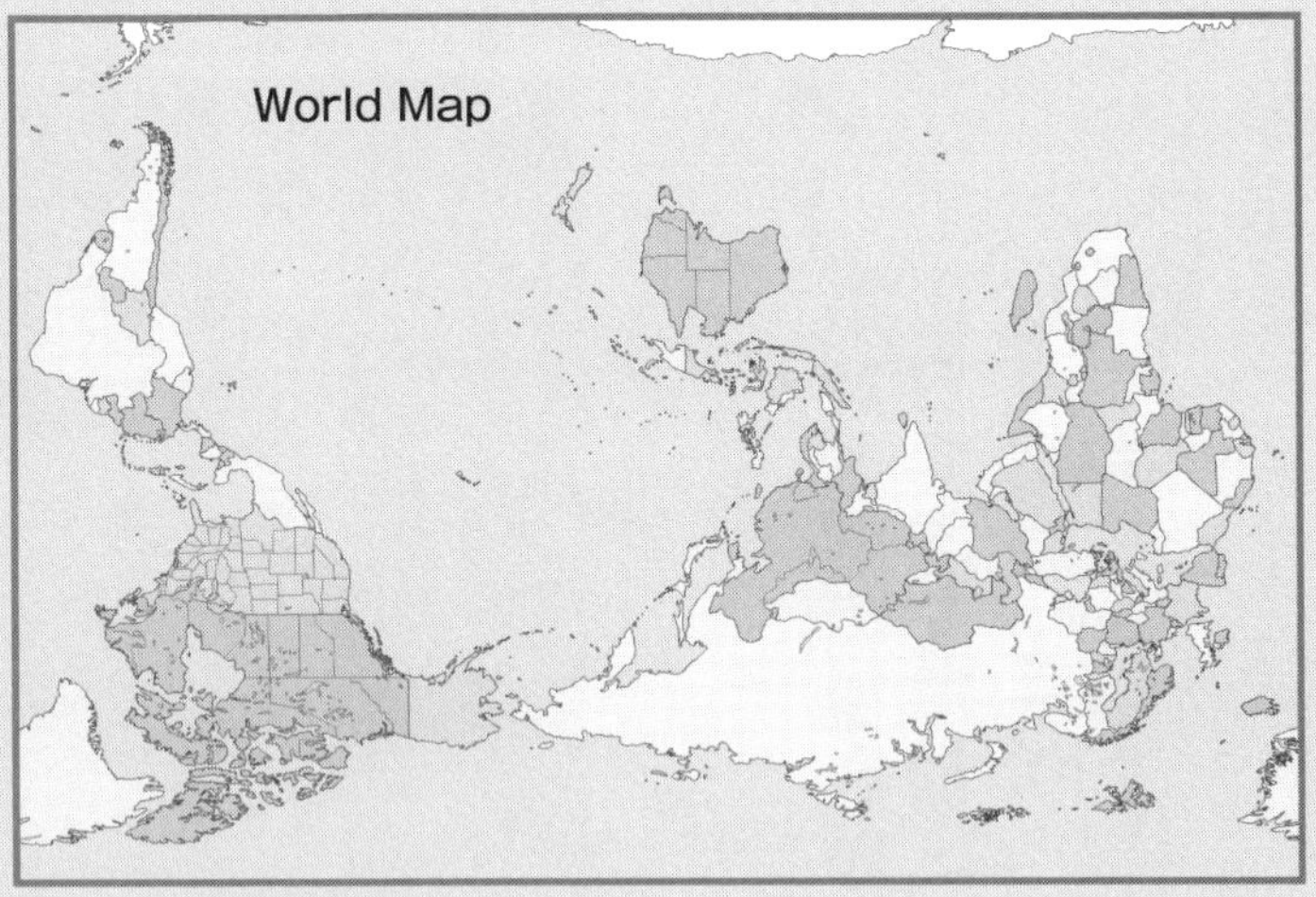

国によって意味が異なるハンドサイン

●親指を立てたハンドサイン：GOOD マーク

対象国：中東、西アフリカ、南米など

ハンドサインの意味

性的な表現を由来とする
相手を揶揄・侮辱する仕草

●親指と人差し指で輪をつくるハンドサイン：OK マーク

対象国：フランス

ハンドサインの意味

数字のゼロで役に立たないことを
匂わす揶揄・侮辱の仕草

事前に正しい準備をする

事前準備の徹底が勝負を決める

①日常的な準備

~使える情報リソース

事前準備の徹底や本番前のリハーサルは、場の成否に直結する大変重要な要素です。決しておざなりにすることなく、しっかりと行なう必要があります。

事前準備には、「日常的な準備」と「その場のための準備」の2つがあります。

講師やファシリテーターは、自身の専門性、知識の向上に向けて、日常からのインプットを怠ってはいけません。日常的にどんな準備をしておくべきか、参考までにインプットリソースを紹介します。

【新聞】日経新聞電子版

「電子版」がキーポイント。なぜなら、読んで使えそうな記事をクリッピングで保存することができるからです。その都度、紙の新聞を切り取ってスクラップブックをつくる手間を考えたら、大変手軽にインプットソースを手に入れることができ、持ち運ぶこともできます。

【新聞】日経産業新聞

同紙には、業界動向が分野別に詳しく掲載されていると同時に「マネジメントスキル」「部長のためのＭＢＡ講座」「ビジネススキル」といったマネジメント上、示唆に富む記事が毎号多く掲載されており、ネタ収集に事欠きません。

【テレビ】ワールドビジネスサテライトなど

アンドロイドのスマートフォンではほぼ標準装備されている「ワンセグ」の録画機能を使って、テレビ番組を録画しておきます。推奨するのは「ワールドビジネスサテライト（ＷＢＳ）」「ガイアの夜明け」「カンブリア宮殿」といった番組。1時間の番組でも、2倍速機能を使用すれば、ＣＭを飛ばして25分ほどで見ることができて効率的。特にＷＢＳは、ビジネスに特化したニュース番組であり、トレンドをマクロ的につかむ上で役立つリソースです。

【インターネット番組】ＴＥＤ

ＴＥＤとは、アメリカの有識者がプレゼンテーションを行なうコンテンツ。アプリでは「TEDAir」をダウンロード。短いプレゼンテーションであるが、政治、経済、ビジネス、アート、ライフといった各カテゴリーを、その道の有識者が自分のwisdom を語ります。ネタ収集にはこと欠かないコンテンツです。

事前準備の徹底が勝負を決める
②その場のための準備
～準備物チェックリスト

❶全体の流れと構成をつかむ

研修やワークショップのための原稿台本をつくる必要はありません。原稿を作成すると、それをそのまま読み上げてしまうことになり、言葉が生きてこなくなるからです。しかし、全体の流れと構成をつかみ、強調したいポイントについては、あらかじめ、これを伝えるというキーワードやメインメッセージまでしっかりと落とし込んでおくことは重要です。

❷各構成の所要時間と時間配分を確認する

事前に時間配分のバランスを考えておくことは大変重要です。特に慣れないうちは、意外なところに時間をかけてしまうこともあるため、主要箇所に時間を割けるように、配分のバランスと余白時間を、あらかじめ見込んで調整していくことが必要です。

❸スライドや機器操作の確認

パワーポイントやキーノートといったスライドを伝達ツールとして使用する際は、事前の動作確認をしてください。会場で用意されているPCにデータを移管すると、バージョン違いで文字化けが起こってしまったり、正確に起動しないリスクもあります。また、アニメーションを多用したスライドは動作確認を忘れずに。以上のことから、余裕を持って会場入りし、機器操作の確認をしておくことが必要です。

❹備品周り準備物一覧

参考までに、研修やワークショップの場で使用される頻度の高い準備物の一覧を左記にまとめました。

本番を成功させるキーパートナー、アシスタントさんとの連携を考える

実施規模が大きくなるほど、講師やファシリテーターである自分ひとりで進行すること

使用頻度の高い備品

【受付系】
□会場案内　□タイトル表示　□参加者名簿
□グルーピング(座席)表　□マーカー　□領収書

【机上セット系】
□名札　□ペン　□メモ用紙

【プログラム使用系】
□レジュメ　□参考資料　□ワークシート　□アンケート

【機器類系】
□ PC　□プロジェクター　□接続ケーブル　□スクリーン
□スピーカー　□マイク

【会場備品系】
□ホワイトボード　□ホワイトボードマーカー　□イレイサー

【演出系】
□ラジカセ　□ BGM 用 CD　□お菓子

【記録・管理系】
□進行表　□時計　□タイマー　□録画用ビデオ
□ SD カード　□デジカメ

はなくなり、アシスタントの方がついて、資料配布やマイクアテンド、音響調整、映像資料の上映や、室内照明の切り替えなどサポートを依頼する場合が多くなります。

そんな折、アシスタントさんは、講師と同様に、全体の流れや、資料配布のタイミング、映像素材上映のきっかけや、それに伴う照明の光調整などすべてを把握しておく必要があります。こうしたアシスタントさんとのすり合わせをおろそかにすると、本番中に資料配布のタイミングが遅れる、順番を取り違える、機器操作をミスする、室内電灯を消し忘れるといった、進行を妨げるミスを犯してしまうリスクが高まります。

また、アシスタントさんは、熟達者が務めるケースは少なく、経験の浅い新人や若手メンバーが行なうこともあり、緊張して冷静にサポートできないことも ままあります。

本番でしっかりと役割を果たしてもらうためには、必要な情報を事前に提供し、資料配布のタイミングのすり合わせや、音響、照明の操作リハーサルなどを念入りに行なう必要があります。

講師は、本番の時間が迫るにつれて、イメージングやリハーサルに意識や行動が向きがちですが、アシスタントさんとの連携にも十分な力を注がなければならないことを知りましょう。

茶道に学ぶ、「一期一会」の精神で誠意を込めて準備しよう

私の祖母の重田とみは、織田信長の弟、織田有楽斎が創始した有楽流の茶道の師範で、私も幼いときから茶道の心得を少しだけ学んできました。茶道には「茶会に臨む際は、その機会を一生に一度のものと心得て、主客とともに互いに誠意を尽くせ」という教えがあります。

誰かとのたわいのないおしゃべりであっても、今、話しているこの場、この時間というのは、未来永劫、二度と来ないものです。そうしたことを強く意識するだけで、その時間と空間の密度はより濃いものになります。

私の親友が打ち明けてくれた、忘れられない話があります。

彼女は幼い頃に父親を病で亡くしてしまったのですが、入院中は、欠かさず母親とお見舞いに行っていたそうです。そして、ある日の帰りがけに、病床の父親から「おいで」と言われ、「いや」と断ってしまったことを今でも猛烈に後悔しているそうです。おそらく、お父さんは自分の娘を抱きしめたかったのでしょう。でも、4歳の彼女は恥ずかしさもあり、明日もお見舞いに来るんだしと、あまのじゃくに振る舞ってしまった。そして病院をあとにし、家についたら電話がけたたましく鳴り、「父親が今、息を引き取った」という連絡をもらったのだそうです。大好きなお父さんとの最後の会話が「いや」で終わってしまった……。

そのことを彼女は今も悔やんでいます。

もし、自分が今、大切な人と話をしているとして、それが最後の話になってしまったら……。そう思うと、一瞬一瞬をかみしめて向き合う気持ちを持つ必要が出てきます。

話を元に戻すと、**研修でもワークショップでも、すべての場は一期一会の茶会と一緒**だと思っています。昔の茶人が、茶会に人を招くときには、打ち水をしたり、季節の花を活けたり、掛け軸をかけ替えたり、湯を沸かしたりしたのと同じように、私たちも場のあり方に気を使う必要があります。会場の設営周りは、基本的にスタッフが準備してくれるケースが多いと思いますが、すべてをスタッフ任せにしてはいけません。

机を動かす、椅子を等間隔で丸く並べるといった行為は、単なる準備を超えて、自分の気持ちを落ち着かせ、この場所とつながっていく儀式のようなものです。準備が終わったら、このあとの場の流れを思い浮かべながら椅子に座ってみる。参加者の視点でできるだけ細かいところまで目を向けてみる。空調はききすぎていないか、椅子の高さはちょうどいいか、光の当たり具合は適切か……そういったところまで確認を済ませておくことで、安心感を持って参加者の皆さんを迎えることができるのです。

小噺6

五郎丸選手に学ぶ、プリショット・ルーティン（準備）の大切さ

ラグビー日本代表の五郎丸歩選手は、キックの前に、手を組む個性的なポーズをしてから、ボールを蹴り上げます。これは、プリショット・ルーティンと呼ばれるもので、「プリショット＝打つ前の」「ルーティン＝決められた動作」です。つまり、キックやスイング、バッティングをする前に毎回決められた動作をすることで、常に一定のパフォーマンスを出そうとするものです。

五郎丸選手のみならず、野球で言えばイチロー選手のバッティング前のポーズ、ゴルフで言えばタイガー・ウッズのショット前の動作、日本の国技、相撲の高見盛の取り組みの前に顔や身体を叩くこと、これらはすべて、プリショット・ルーティンに分類されます。

一定の動作を行なうことで集中力を高め、リラックスを促し、日ごろの練習と本番のプレーを同じくし、パフォーマンスを一定にします。練習中も本番も常に同じ動作を一定のリズムで繰り返すことで、日ごろのパフォーマンスを生み出すのです。

これはスポーツに限らず、私たちの日常生活にも取り入れることが可能です。

たとえば、

- プレゼンの前にする動作をルーティンにする
- 勝負アポイントの前に必ず靴紐を結び直す

・大事な日に履く靴下を決める

ちなみに、私のプレゼン前のプリショット・ルーティンは、場の進行のサポートをしてくれるメンバーの皆さんに心から「今日は、よろしくお願いします！」と言うことです。そうすることで、自信と安心がみなぎり、落ち着いて場に臨むことができるようになります。

写真提供：共同通信社

困った参加者への適切な関わり方 7つの方法

その1 居眠りさん

状態：とにかく、寝る。寝てしまう。船をこいでいる。

対策：居眠りが起きやすい魔の時間帯が、昼食後1時間程度経過したタイミング。そこで昼食後、最初の休憩はなるべく早め（1時間以内）に取るようにしたり、体を動かすアクティビティを取り入れる。

その2 おしゃべりさん

状態：とにかく、おしゃべり好き。研修やテーマと関係ないことを近くの人と間断なくしゃべる。

対策：同グループ内に複数いるときは、次のセッションに入る際に全体で席替えをして、私語をしている2人を引き離す。次のセッションがはじまる前にグランドルールを再確認する。全体の場で指名してそのテーマについてどう考えるか、答えてもらう。

その3　無口さん

状態：とにかく、しゃべらない。悪気があってもなくても無反応。何を考えているか不明。

対策：2人組のペアワークや、3～4人の小グループで安全に参加できる場をつくる。意見が出てくれば、その意見を承認したり応援したりする。

その4　他人事さん

状態：とにかく、他人事。この場は、自分には関係ないの一点張り。

対策：「参加の原則」を使用。研修やワークショップの冒頭で、この場をどう進めていきたいか、全員から意見を募ってグランドルールを定める。人は自分が参加し、決めたものは守るという原則がある。他人事にさせない工夫をする。

その5　否定好きさん

状態：とにかく、否定好き。持論を展開して否定する。

対策：まずは、意見を否定せずに受け止める。その上で他の人もそう感じているようなら、どうすればよいかを全員で考えてみるなど、生産的な脱線をする。休憩時間中などに、どうすればニーズに応えられるか直接、相談してみる。

その6　質問好きさん

状態：とにかく、質問好き（質問自体は悪いことではない）で他の人の時間を奪ってしまう。

対策：質問のルールを使う。具体的には、「質問の駐車場」を使う。部屋の片隅に「質問の駐車場」と書かれた模造紙を貼っておき、気になることがあれば、随時そこに書くように伝える。ある程度たまってきたら、全体の場で回答する。質問と回答をまとめて行なえるのがポイント。

その7　遅刻魔さん

状態：とにかく時間を守らない。休憩明けの開始時間にも携帯片手に話をしていて戻ってこない。

対策：皆の時間を大切にする。遅刻魔さんの戻りは、原則、待たない。「おひとり、電話で外にいらっしゃるようですが、皆さんの時間なので進めます」とキッパリ言ってはじめる。戻ってきたら進捗のフォローは行なう。

STEP 3

何を WHAT

意図を効果的に組み立てる

相手の期待や前提を把握したら、何を伝えるのか、いよいよ内容に入ります。このSTEPでは、研修やワークショップの各論的な内容ではなく、最も伝えたい意図の組み立て方や伝え方の構成、開始から終了までのプロセスのデザインの仕方について考えていきます。

最も伝えたいゴールを明確にする

伝えたいことを絞り込もう！

～ヤフートピックスに学べ！　主張は13・5文字以下に

テレビコマーシャル＝15秒

突然ですが、これらは何を示したものでしょうか？

新聞広告＝1面で15段

これらは、ＣＭや広告の制約枠を示しています。ＣＭは限られた時間とスペースの中で、ターゲットである顧客に伝えたいメッセージをきちんと伝え、結果として効果（購買率や認知度の向上など）を最大化することを目指しています。

私たちは毎日、さまざまなシーンで広告を目にします。朝、新聞を読んでいるときは「新聞広告」、通勤電車の中では「中吊り広告」、インターネットで情報収集しているときには「バナー広告」、帰宅後にテレビを見ているときには「テレビＣＭ」……といったように、洪水のような広告の情報に触れています。しかし、心に残る、購買の後押しをするような広告は、ほんのわずかです。多くの広告は印象に残らず、泡のようにすぐに消えていきます。

避けるべきは、「あれも伝えたい、これも伝えておきたい」と保険をかけて、情報をつめこんでしまい、結果的に総花的で、何の印象も残らないメッセージになってしまうことです。

情報過多の現代では、**伝えたいメッセージや情報は、すべては伝わらないという前提に立ち、「誰にどんな目的で何を伝えるのか?」という点を明らかにし、最も伝えたいことを大胆に絞り込んでいく**という発想が必要です。

私も研修の講義パートを準備する際、**自分が一番伝えたいことは何だろう? 仮に内容のほとんどを忘れ去られたとしても、10年経っても覚えておいて欲しいワンフレーズは何だろう?** と、そこまで振り切って思考します。

そうまでしないと、伝えたいことを「ひと言」でまとめることは困難だからです。

伝えたいことを「ひと言」でまとめている好例として、Yahoo! Japan のトップページに表示されるニュース(ヤフートピックス)があります。そのユニークユーザーは5000万人とも言われ、日本で一番視聴率の高いメディアと言っても過言ではない規模となっています。

そこで表示されるトピックスは、1行最大で13・5文字で表示されています。文字数に科学的根拠はないそうですが、人が一瞬で斜め読みできる情報量であるとのことです。言ってみれば、**この13・5文字は日本一収斂されたフレーズ**と考えることもできます。

自分が今、最も伝えたいことを、13・5文字以内にまとめるとどうなるだろう？　煮詰まったらそこから発想してみるのも打開策のひとつかもしれません。

考えてみると、後世に語り継がれている次のメッセージはどれも、13・5文字以内です。

「10年以内に月に人類を送る」12文字（1962年／J・F・ケネディ大統領）
「I have a dream」11文字（1963年／マーティン・ルーサー・キング牧師）
「自民党をぶっ壊す」8文字（2001年／小泉純一郎首相）

他に、伝えたいことを「ひと言」でまとめている好例が、本のタイトルです。書店に行くと、数え切れないほど多くの本が目に飛び込んできますが、どの本も、中身の本質をひと言で端的に言い抜くことを目的に、著者や編集者が知恵を絞ってタイトルをつけています。そういった意味では、**本はタイトルによって店頭でプレゼン合戦をしている**とも言えます。

特にビジネス書であれば、同ジャンルで同じようなことが書いてあるのに、売れ行きがまったく異なる本があります。その差は、筆者のネームバリューや装丁のデザイン、出版社の営業努力もありますが、やはり見逃せないのが、タイトルです。売れる本は、決まってよいタイトルがついているのです。

僕も時間があると書店をめぐり、本のタイトルからアイデアの刺激をもらっています。ぜひ、伝えたいことを、たったひと言でまとめることを癖づけてください。

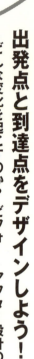

出発点と到達点をデザインしよう！

～どんな変化を起こすのか？ ビフォー・アフター設計の10の公式

相手を動かすメッセージはすべて、程度の差はあれ、**「これまで」**と**「これから」の変化**を示しています。そこで、あらかじめ「ビフォー・アフター」を設定しておくことで、効果的な変化を起こすことが可能になります。

心理学的にも人は、対極にあるものに惹かれる傾向があります。これがよく用いられるのが、「課題のある現状→好ましい未来」のフレームを使ったダイエット関連の広告。「この商品を使う前は、こんなにひどい現状だったけど、今はこんなに改善されました、あな

XYZの公式

X＝ビフォーの状態
Y＝好ましいアフターの状態
Z＝問題や課題を解決するメッセージやコンテンツ

たもいかがですか？」という、よく見るパターンです。

こうしたフレームを活用すると、参加者の関心を惹きつけることができます。

あるアイデアをその対極にあるものと並べて伝えれば、そこには変化に向けたエネルギーが生まれ、ギャップを見せることで相手は共感したり、そこに関わりたいと思うようになるのです。

図で示すと上の図のようなイメージで、私はこれを「XYZの公式」と言っています。

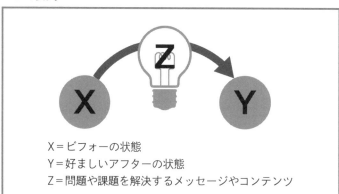

●「X」という状態を「Y」の状態にするフレームワーク集

①課題のある現状→好ましい未来

現状はこんなに課題があるが、「Z」によって、こんなに魅力的な未来が待っている

②痛みある改革→得られる果実

痛みは避けては通れないが、「Z」によって、こんな成果や果実が得られる

③欲求→充足

こんなことができたらいいと思わないか。「Z」によって、それができるようになる

④カオス→シンプル

こんなに複雑で混沌としているが、「Z」によって、こんなにシンプルになる

⑤維持→変化

現状維持だとつまらない、「Z」によって、こんな変化を起こしていこう

⑥支配→解放

現状は制約があって窮屈だけれど、「Z」によって、のびのび自分たちらしくやろう

⑦ひとりで→みんなで

はじめるのはひとりじゃない、「Z」によって、みんなで取り組めるようになる

⑧危機→機会

危機を感じているかもしれないけれど、「Z」によって、こんな機会が生まれる

⑨ **考える→動く**

考えてばかりでは何も変わらない、「Z」によって、こういう風に動いていこう

⑩ **依存→自立**

状況が変わるのを誰かに頼るのではなく、「Z」によって、自分で変えていこう

以上、自分が伝えたいことを考える前に、どんな変化が相手に起こって欲しいかというビフォー・アフターから考えることで、より鮮明なメッセージが浮かんできます。

そして、**メッセージを考えるときは、自分が心から大切だと思っていることから考えます。メッセージは、語り手の実体験や信念に基づいて語られることで、力が宿ります。**

さらに、**そのメッセージが参加者の新しい発想や発見につながるかどうかも重要**です。英語では「What's in it for you?（それによって相手が何を手にするのか？ 略してwiify）」という視点を持つことが必要だと言われますが、話の端々に相手にとってのメリットを差し込んでいくことが有効です。

「伝えること」の普遍的構成（オープニング／ボディ／クロージング）を踏まえよう！

説得力のあるメッセージができたら、今度はそれをどのような順番で伝えていけば最も伝わるのか、構成を検討する必要があります。

そもそも**文学や古典には構成があり、構成という制約があることで、創造性がより広がります。**「5・7・5」の俳句や、「5・7・5・7・7」の短歌などがよい例で、どちらもその構成で無限の美しさが引き出されます。

私は古典落語が大好きなのですが、落語も枕《まくら》と呼ばれる冒頭の部分と、噺の本論、最後に落ち（オチ）がつくという構成になっています。

伝え方も同じく、構成があり、「オープニング→ボディ→クロージング」という骨組みで、この流れは万国共通のプロトコルとなっています。

どんな伝え方にもはじまりである「オープニング」が存在し、そこで講師が参加者との距離感を縮めたり、緊張感を和らげつつ、これから行なわれる内容に対する期待感を高めていきます。

中身の「ボディ」は最も伝えたいことを主張するために、効果的にメッセージを組み立てるメインパートです。

「クロージング」は、まとめとして最も伝えたかったメッセージを繰り返すことで印象づけたり、聞き手に次のアクションに向けて背中を押すようなアクティブなメッセージで締めるパートです。

もちろん、中には、「オープニング」でいきなり結論を持ってきたり、「クロージング」まで結論を引っ張るケースもありますが、基本形は「オープニング／ボディ／クロージング」と押さえておけば問題ありません。

小噺7

ジョン・F・ケネディ大統領に学ぶ、心と身体を動かすゴールメッセージ

第35代米国大統領、ジョン・F・ケネディの有名なスピーチがあります。

"I believe that this nation should commit itself to achieving the goal, before this decade is out, of landing a man on the Moon and returning him safely to the Earth"

―今後、10年以内に人類を月に着陸させ、安全に地球に帰還させる―

これは、アポロ11号による人類初の月面着陸プロジェクトのスタートとして有名なスピーチで、後半にこんな言葉が続きます。

"$531 million in fiscal '62 and $7 billion to $9 billion during the next five years"

―62年は531千万ドル、5年間で70～90億ドル投資していく……―

このケネディ大統領によるスピーチは、短い言葉でゴールを端的に示しながらも具体的、かつ実効的なメッセージに編集されており、まさにプレゼンテーションのお手本となるようなスピーチです。

何がすごいかと言うと、以下の5点にまとめることができます。

写真提供：共同通信社

①時間軸を明確に入れている（今後**10年**以内に）
②ゴール後の状態まで考慮している（人類を月に着陸させ、**安全に地球に帰還させる**）
③定量的な投資金額を明言している（62年は**531千万ドル**、5年間で**70～90億ドル**投資）
④メインメッセージは30文字以内で本質をシンプルに言い抜いている（**今後、10年以内に人類を月に着陸させ、安全に地球に帰還させる**）
⑤専門用語などを使わず、すべてのステークホルダーが理解できる平易な言葉で表現している

こんなメッセージを展開されたら、心も身体も動き、実行せずにはいられなくなりますね！

メッセージを効果的に伝える「方法」を知る

全体を整理し、記憶に焼きつける「ポインティング法」を使ってみよう！

「私が言いたいことは3つです。ひとつめは……」

このように、伝える内容の数を先に伝えて、順を追って説明していく方法を「ポインティング法」と言います。

頻繁に引用される、アップルの創業者スティーヴ・ジョブズの２００５年、スタンフォード大学卒業式でのスピーチ。彼は冒頭にこう言いました。

Today I want to tell you three stories from my life.

That's it.

No big deal.

Just three stories.

今日、私が皆さんにお伝えしたいのは、自分の人生から学んだ3つの話です。

それだけです。

たいした話ではありません。

たった3つです。

いたってシンプルです。「今日お伝えしたい話はたった3つ。3つだけである」と二度繰り返しています。こうした数字を使う例は枚挙にいとまがありません。

ポインティング法の構造

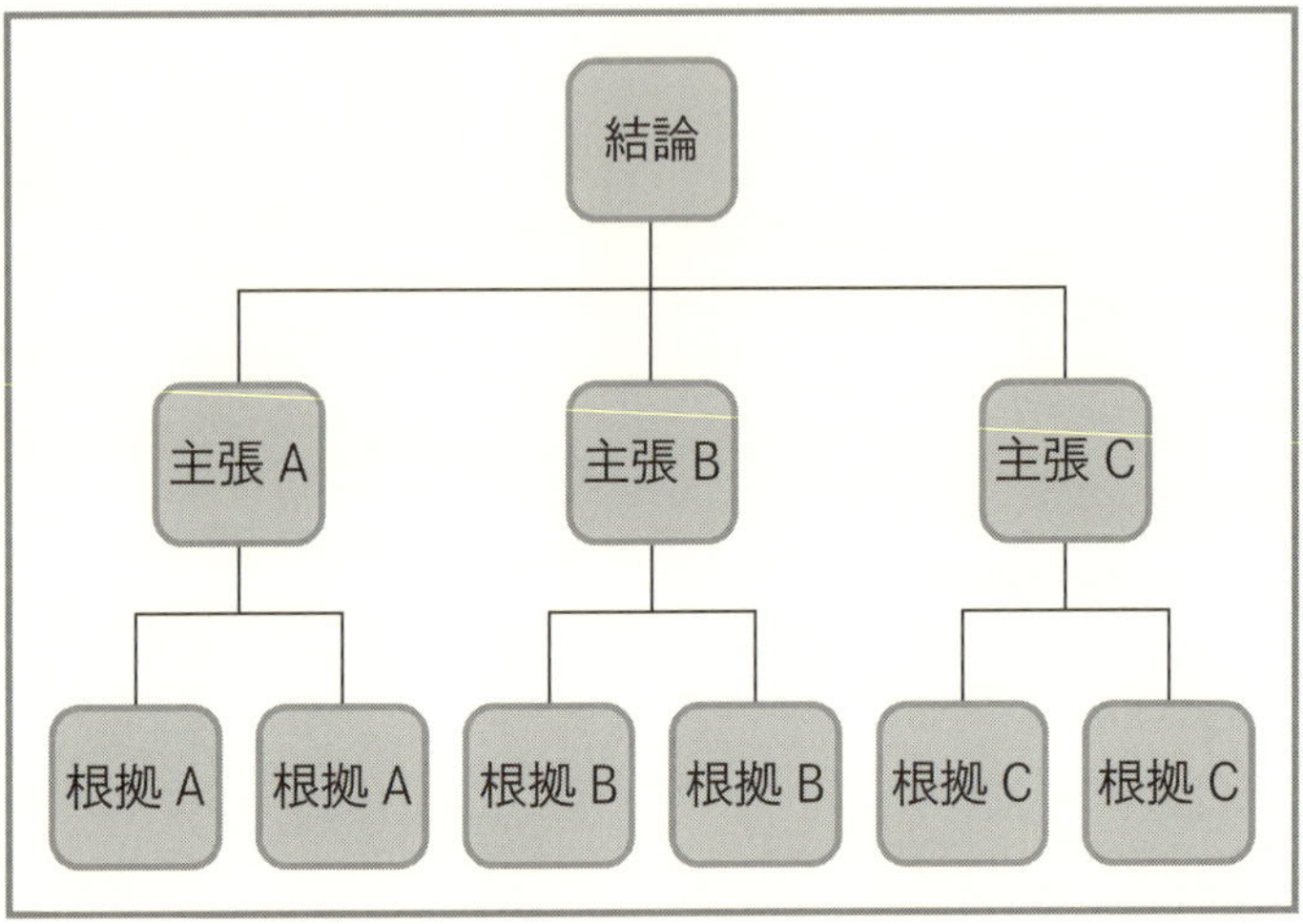

スティーブン・R・コヴィーの『7つの習慣』、モーゼの「十戒」、アベノミクス「3本の矢」など……。

このように数字を活用する手法は、多くは上の図のように、結論を支える主張の要点をグルーピングして展開するパターンをとります。あるテーマについて素早く、簡潔に意見を述べたり、説明したりするときに効果的です。

この構造を使えば、「今日の話のポイントは3つあります。ひとつめは……、2つめは……、3つめは……」というように、伝えたいことをコンパクトかつシンプルにまとめることが可能になり、短時間で効果的に重要事項を伝えることができます。

「エレベーターピッチ」という言葉を聞いたことはありますか？　これは、エレベーターの中で、普段なかなかお目にかかれないＶＩＰ、たとえばクライアント先の社長とたまたま乗り合わせたとき、１階に行くまでの30秒でチャンスをつかむテクニックです。このようなときにポインティング法を使ったプレゼンをすると、短い時間であっても、伝えたいことを効果的に伝えることができます。

起業先進国のアメリカ・シリコンバレーでは、巨額の投資を取りつけるために、ベンチャーキャピタリストを相手に、起業家たちが毎日のように、エレベーターピッチをしていると聞きます。

人を突き動かす「ストーリーテリング法」を使ってみよう

「ストーリーテリング法」とは、出来事を自分の主観を交えながら時間の流れに沿って伝えていくスタイルです。物語の要素があるので参加者の共感を得やすいのが特徴で、実際の経験談からの教訓を伝えたいときや相手の共感を深く得たいときに有効です。

基本的には、「①状況設定→②トラブル発生→③行動→④解決→⑤教訓」という流れで展開します。日本人になじみの深い、あの桃太郎も基本的にはこの構造です。

【桃太郎のストーリーテリング】

① **状況設定**：むかしむかし、あるところにおじいさんとおばあさんが住んでいました。おばあさんが川に洗濯に行くと大きな桃が流れてきました。すくい上げて家に持ち帰り、割ってみると中から可愛い元気な男の子が飛び出してきて、桃太郎と名づけました。そんな桃太郎と平和に暮らしていると……

② **トラブル発生**：村に鬼が来て悪さをしはじめました。この鬼たちは鬼ヶ島に住んでおり、たびたび悪事を働きに村に来ているのでした。

③ **行動**：そこで桃太郎は、鬼退治を決意します。おばあさんにこしらえてもらったきびだんごを腰につけ、道中で、犬、猿、雉のお供を加えて、鬼ヶ島に船で乗り込み、鬼たちを退治します。

④ **解決**：鬼ヶ島にあった、鬼たちが奪った金銀財宝を村に持って帰りました。

⑤ **教訓**：そして村には平和が訪れました。めでたし、めでたし。（正義は勝つ！　勧善懲悪のススメ）

いかがですか。桃太郎はいろいろなメッセージを内包したストーリー（物語）ですが、ベーシックな主張は、悪者は懲らしめられ、正義は勝つという、いわゆる勧善懲悪のストーリーです。

「悪いことはしちゃだめだ」というある種の教訓、説教を頭ごなしに伝えるより、ストーリーにしたほうが子供が喜んで聞く、よい子に育つ、といった効果が少なからずあったので、現代にも語り継がれているのだと思います。

また、ストーリーは、登場人物と同じ目線で出来事を追体験するのに適しており、相手の感情に訴えかける力があるのです。

「伝達の3原則」を実行しよう！
～①時系列、②ステップアップ、③森から木

これまでお伝えしてきた2つの伝達法、「ポインティング法」「ストーリーテリング法」以外で、私が実践の中で身をもって学んできた、メッセージを外さないための原則をこの

節の最後にご紹介します。

原則1：時系列の原則

時間の流れに沿って、起こった出来事を並べていく方法。過去はどうだったか、現在はどうか、将来どうなりそうか、あるいはどうしたいかを時系列で伝えていくことで、相手の頭と心に残す原則。

原則2：ステップアップの原則

難易度の低いものから高いものへと徐々にステップアップさせるように、情報を連続して配列し、相手にわかりやすく伝えていく原則。

原則3：森から木の原則

「木を見て森を見ず」という言葉とは反対に、伝えたいときは「森を見せてから木を見せる」のが鉄則です。全体から部分への流れで、まずは大まかな全体像（テーマ）を伝え、それを構成する各部分にブレイクダウンして伝えていく。話の全体像を先に伝えることが効果的です。

寓話に「群盲、象をなでる」というのがあります。

象を触っていた6人の盲人が、仙人にその特徴を聞かれ、6人はそれぞれ、自分が触れている象の部位を「壁のようだ」「槍のようだ」「蛇のようだ」「木のようだ」「扇のようだ」「縄のようだ」と主張し合い、皆が譲らない状態が続く——全員、正しくもあり、間違いでもある、という話です。

この寓話の教訓は、「物事の本質を知るには部分だけではなく、全体を知ることが大事である」というもので、木を見て森を見ずの状態にならないようにすべし、という教えの話です。全体観を持って伝えていくことを忘れないでください。

この「伝達の3原則」は、どのような構成のときでも、話を展開していく上での前提となる共通ルールとして、ぜひ、押さえておいてください。

小噺8

ハリウッドの映画監督が好んで使うパターン「英雄の旅（ヒーローズジャーニー）」

プレゼンに成功パターンがあるように、語り継がれるドラマや映画にも成功法則があります。ハリウッドの映画監督が好んで使う「英雄の旅（ヒーローズジャーニー）」と呼ばれるパターンをご存じでしょうか。

これは、世界的に知られるアメリカの神話学者ジョーセフ・キャンベルが世界中の神話を研究する中で共通点を見出し、それを法則化したものです。

世界のどんな神話にも共通するストーリーがあり、登場するヒーローたちは、その流れに沿って、幾多の指南を乗り越えて、最終的に故郷に帰還するというものです。ハリウッド映画では、「スター・ウォーズ」や「指輪物語」なども、この法則になぞらえてつくられたとも言われています。

この旅は、神話に限らず、私たちの人生にも共通することが多いことから、人生の局面や現在置かれている状況の分析に用いることも可能です。

● **「英雄の旅」ヒーローズジャーニーの流れ**

①Calling（天命）　天命を聴く

②Commitment（旅のはじまり）　天命に従う

③Threshold（境界線）　分岐点を越える

④Guardians（メンター）　守護者が見つかる

ヒーローズジャーニーの流れ

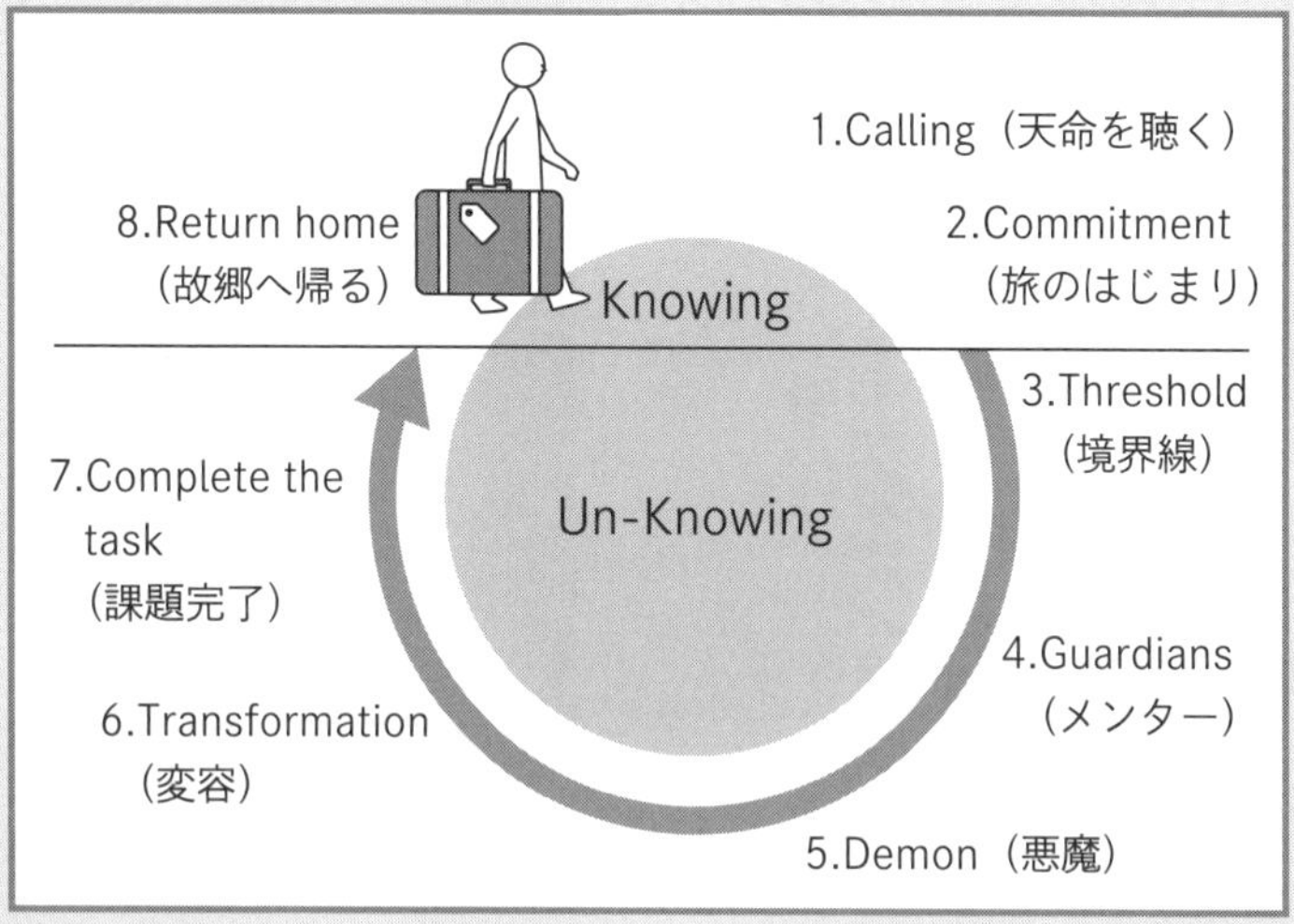

ジョーセフ・キャンベル「英雄の旅」をもとに筆者作成

⑤Demon（悪魔）　トラブル・試練に遭う

⑥Transformation（変容）　試練を自分の資源（リソース）に変える

⑦Complete the task（課題完了）　試練を克服し、天命を全うするための方法を見つける

⑧Return home（故郷へ帰る）　英雄として帰還する

全部で8つのステージがありますが、物語が次の幕を開けられるよう、自分の人生の流れを止めない工夫も必要です。さあ、人生の新しいステージへの旅をはじめましょう！

全体のプロセスをデザインする

オープニングで「ツカミ」に行こう！
～参加者との信頼関係をつくるためのアプローチ

すでにお伝えしたように、第一印象は非常に大切です。**人は第一印象で、これからはじまる研修やワークショップの価値の大半を決めてしまう**ものです。ある調査では、目の前の人が自分にとって好ましい人かそうでないかを、出会って10秒で判断するといった、恐ろしいことも言われています。

なお、オープニングとは、研修やワークショップがはじまってからを示すものではありません。会場に入り、参加者と顔を合わせた瞬間からはじまるものだと捉えてください。大抵の参加者は、会場に入ると緊張や不安、そして期待の入り混じる少し不安定な状態でその場にいることが多いものです。

そうした現場の雰囲気を感じ取るために、講師やファシリテーターは余裕を持って会場に入っておく必要があります。どんな参加者が来ているのか、開始前にどんな会話がなされているのか、参加者のノリはどうか、実際に参加者を観察するのです。そして、なるべく多くの参加者と開始前に言葉を交わし、双方がリラックスできる場づくりをします。

時間になれば登壇して場を進めていくのですが、導入時に必要なのは2つのポイントです。冒頭のツカミと言うと、気のきいたジョークを飛ばさないといけないとか、参加者全員をその気にさせないといけないとか、ハードルが高そうなことを考えがちですが、ジョークを考える前に、参加者との信頼関係をつくらなければ、何もはじまりません。**信頼関係をつくる第一歩として冒頭で行なうのが、「権威づけ」と「共感創造」の2つ**です。

❶権威づけ

参加者は、講師やファシリテーターに自分の大切な時間を預けたり、投資していることから、「この人の話を聞くことに価値がある」と思いたい欲求があります。その期待に応えるためには、自分のことを嫌味なく、しかし強みは堂々と、「私こそが、課題を解決するに足る存在である」ということを冒頭でしっかりと伝える必要があります。

企業研修などで、自分が登壇する前に人事の方が講師の実績やプロフィールを紹介してくれる（ティーアップと言います）場合には必要ありませんが、第三者による権威づけがないときには、自分で自分を権威づけなければなりません。

これが意外に難しいもので、くどくどと自分の実績を紹介するのは時間がかかるし、自慢話にも聞こえるし、嫌味なくシンプルに、でも相手に「すごいな」と思わせる工夫が必要です。

❷共感創造

共感は、開始時に講師と参加者をつなぐ橋渡しとなる儀式のようなもので、私は「ブリッジング」と言っています。左の図のように、共感は、参加者の置かれている状況に共感しているという、講師から参加者に向かう矢印①と、参加者が講師の存在に共感してく

共感のメカニズム

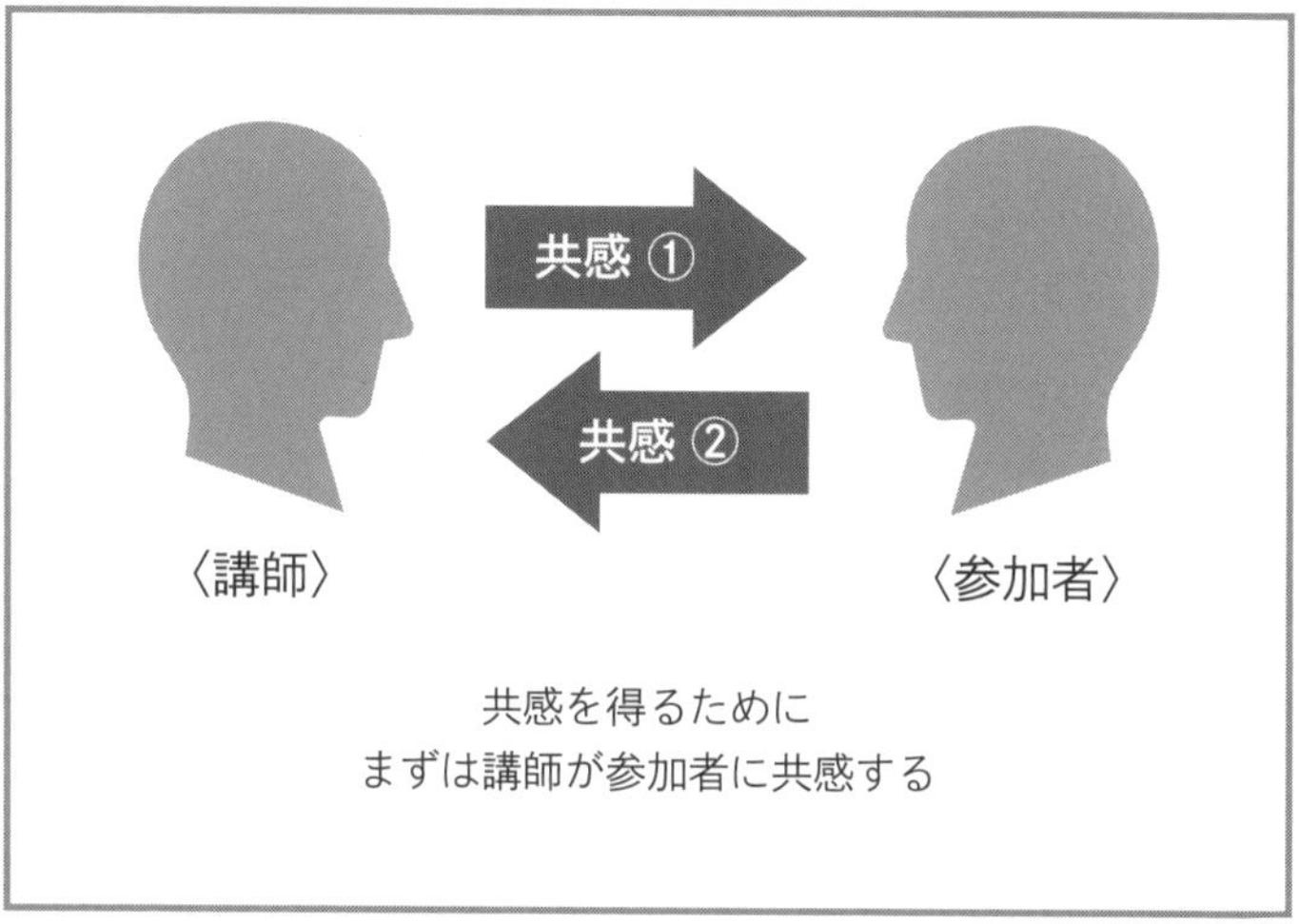

れる矢印②で成立しています。

講師は、共感①の矢印をつくるために、参加者の置かれている状況について、事前に深く理解すると同時に、参加者のテーマに関する興味・関心の高さや、今困っていること、どんな感情を抱いているのかなどについて、多くの情報をリサーチしておきます。

たとえば、**BtoCのビジネスをしている参加者であれば、彼らの状況を把握するために、実際に店舗を訪れたり、サービスを受けてみることをお勧めします。**そこで得た情報や体験を元に話をはじめることで、参加者の共感を獲得しやすくなります。

また、共感②の矢印をつくるために、「私はあなたたちと同じものを見ている、感じている、困っている」、あるいは、「見ていた、感じていた、困っていた」ということを自分のエピソードを交えて伝えると効果的です。

恥ずかしいのであまり明かしたくないのですが、私は導入でこんな自己紹介で入ることが多くあります。

●導入①

「みなさん、こんにちは。

今日の研修の進行役を務める、広島の広に江戸の江と書いて、広江と言います」

「講師の広江です」と言わずに「進行役」と言っているのは、講師という言葉に一方的な立場のニュアンスを感じるから。私の場づくりは、相手主体であり、参加者のよさや強みを引き出すことを狙いとしているので、あえて進行役と言うことが多いのです。

名前は、相手にきちんと届ける必要があります。珍しい名前だからこそ、覚えてもらうために工夫をしています。歌舞伎役者は、自分の名前を伝える「名乗り」に命を賭けると言いますが、ここは朗々と滑舌よく、落ち着いてしっかりと丁寧に伝えます。

●導入②

「簡単に自己紹介させていただくと、私は大学卒業後、志だけは高く、とあるベンチャー企業に就職したのですが、ベンチャーと見込んで入った会社は実はベンチャーではなく、アドベンチャーだった（笑）。ということで、入社４ヶ月でその会社は倒産してしまいました」

最初に自らパンツを脱ぐというか、失敗体験を自己開示しています。人は、成功した話より失敗した話に共感してくれるものです。

また、「ベンチャーではなく、アドベンチャーだった」という韻を踏んだくだりは、これまで何百回も使ってきましたが、どんな相手でも確実に笑いを取れる、私のいわゆる「てっぱん」ネタです。ここで相手の心をつかめたという安堵で落ち着きを取り戻すと同時に、笑いのボルテージの大きさで、当日の参加者の反応や感度を計ります。

●導入③

「そこから、企業をつぶさないようにするためにはどうすればいいか、経営を学ぼうと決心し、経営大学院（MBA）に進学。その後、創業2年目の社員数40名程度だったベンチャー企業、（株）リンクアンドモチベーションに2002年に入社、現在に至ります」

前段のアドベンチャーという失敗話だけで終わってしまうと、笑いは取れるものの、話し手としての権威にはつながりません。失敗から何を学んだのか、学ぼうとしたのかを、その後の具体的な行動（大学院進学）を話します。

●導入④

「今、社員数はグループ会社を含めると約1400人。約10年で40人の組織が1400人になる、無名の会社が東証一部上場企業になるという、通常、経験できない過程を現場で当事者としてもがきながら、味わってきました。成長期にある会社は、常に身の丈以上の役割を社員に期待します。その中で自分の実力と周囲からの期待の差に葛藤を抱えながら、仕事やメンバー、組織づくりに向き合ってきました。

今でこそ、研修講師として年間170日以上、研修や講演を行なっていますが、自分の強みは、現場感（リアル）と理論（セオリー）の融合だと思っています。
今日は、せっかく貴重な時間を皆さんと一緒に過ごすので、頭でっかちな理論だけではなく、現場で使える実践的なヒントを紐解いていきたいと思います。
一緒によい時間を過ごしましょう！　よろしくお願いします」

自分のキャリアを「10年で40人の組織→1400人の組織に成長させてきた現場の当事者」「研修講師年間170日以上の登壇実績」と具体的な数字を入れて印象づけつつ、コンパクトにまとめています。さらに、講師としての自分の強みを「現場感（リアル）と理論（セオリー）の融合ができる人」と、参加者にとってのオンリーワンの存在になるための工夫を盛り込んでいます。

たかが冒頭の自己紹介ですが、ある程度、組み立てて話をしています。なぜなら、ここを失敗すると後が続かないからです。もちろん、ご紹介したのは一般的な例で、企業や参加者特性に応じて、時事ネタを盛り込んだり、共感の接点をつなげるようなエピソードを盛り込んだりと、参加者との距離感を縮める工夫をしています。

参加者が思わずカブリつく、興味喚起のためのテーマ提示

研修でもプレゼンテーションでも、最初に本日のテーマやタイトルを紹介していると思いますが、皆さんは、研修のテーマやタイトル、プレゼンのテーマを真剣に考えたことはあるでしょうか？

中身を考えることにエネルギーを割くがあまり、テーマやタイトルの設定が疎かになっているケースが見受けられます。私が多くの会社でよく見るのが、階層や職種の名前をそのまま持ってきているもの。

たとえば、次のようなタイトルです。

「新入社員研修」「管理職研修」

これでは、何の目的でどんな研修を実施するのか、皆目検討がつきません。「新入社員

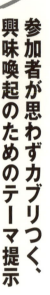

研修」というタイトルでは、ビジネスマナーを学ぶのか、社会人としての心がまえ（スタンス）を学ぶのかわかりませんし、「管理職研修」では、マネジメントの技法を学ぶのか、あらためて労務管理の知識を学ぶのかが見えてきません。

そうなると、参加者は当日、会場に来るまで何をやるのかわからず、「とりあえず、来てみた」という、モチベーションが極めて低い状態で参加することになります。

テーマやタイトルを考える際に、一番に検討しなくてはならない鉄則があります。それは**テーマやタイトルは、自分が伝えたいことではなく、相手に起こして欲しいアクションで考える**こと。

この研修やワークショップの後、相手にどうなって欲しいのか、何を手に入れることを期待しているのか？　を考え抜いたタイトルをつける必要があります。

相手に起こして欲しいアクションでタイトルを考えると、以下のようになります。

「新入社員研修」→「報・連・相の徹底でスタートダッシュを成功させる新入社員研修」

「管理職研修」→「マネジメント力の発揮で組織の成果を高めるマネージャー研修」

ボディで前後のつながりをデザインし、メインメッセージが伝わる工夫をしよう！

伝えたいメッセージは、最も伝えたいことを大胆にシンプルに絞り込むことが大事であると、先に伝えました。そして、最も伝えたいメッセージをはっきりさせたら、それを伝えるための論拠となるサブメッセージを組み立てていきます。

プレゼンでも研修でも、ワンメッセージのみで構成されていることは少なく、たいていは、いくつかのサブメッセージから伝えたいことの全体が構成されています。

メインメッセージをしっかりと伝えていくには、次ページ図の①～③の工夫をしていくことが必要です。

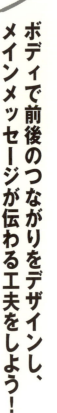

❶メインメッセージとサブメッセージ間の整合性を図る

当然と言えば当然ですが、メインメッセージとサブメッセージとでまったく違うことを言っていたらメッセージは伝わりません。メインメッセージからすれば、サブメッセージ

メインメッセージを伝える工夫

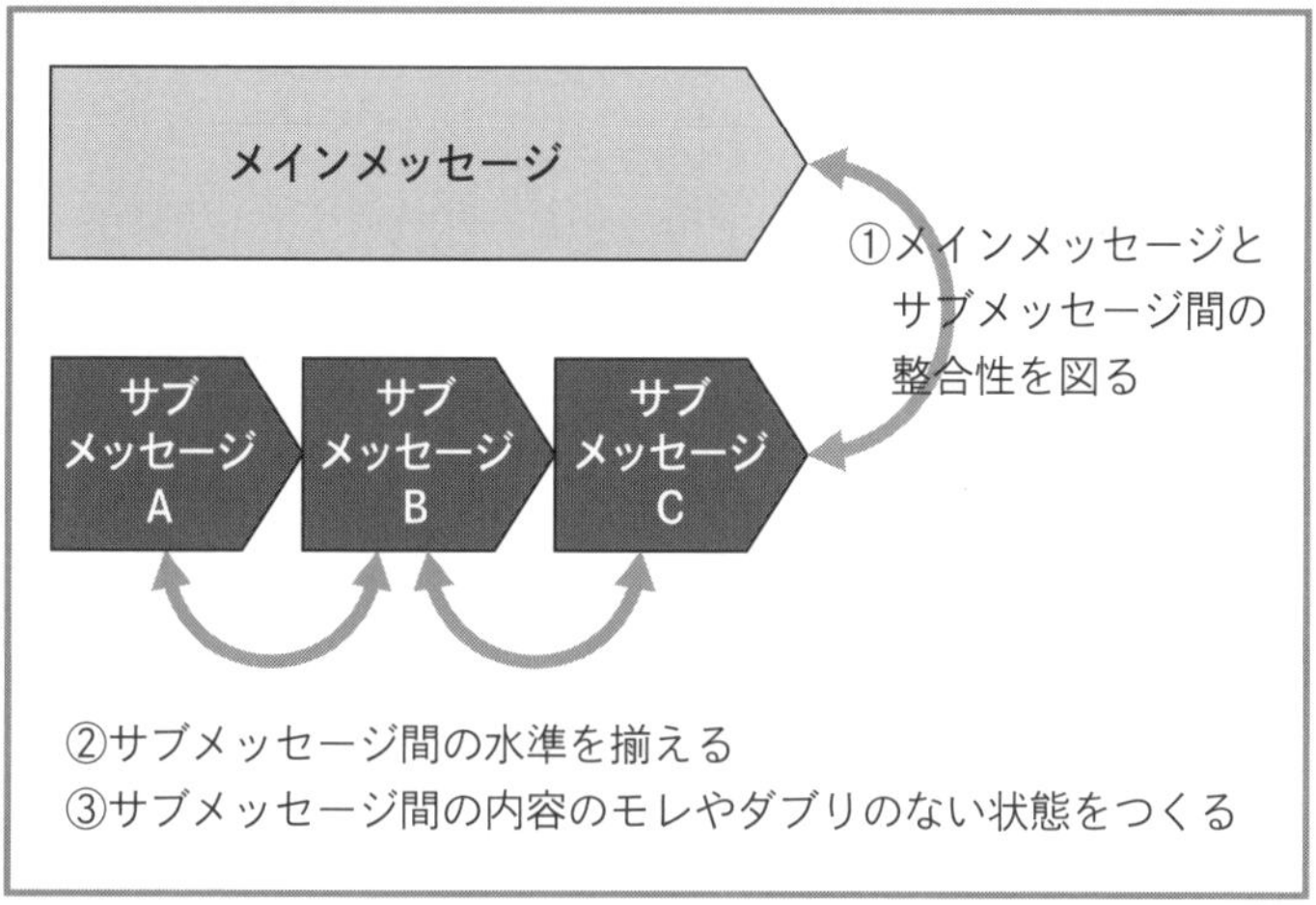

メインメッセージとサブメッセージの関係

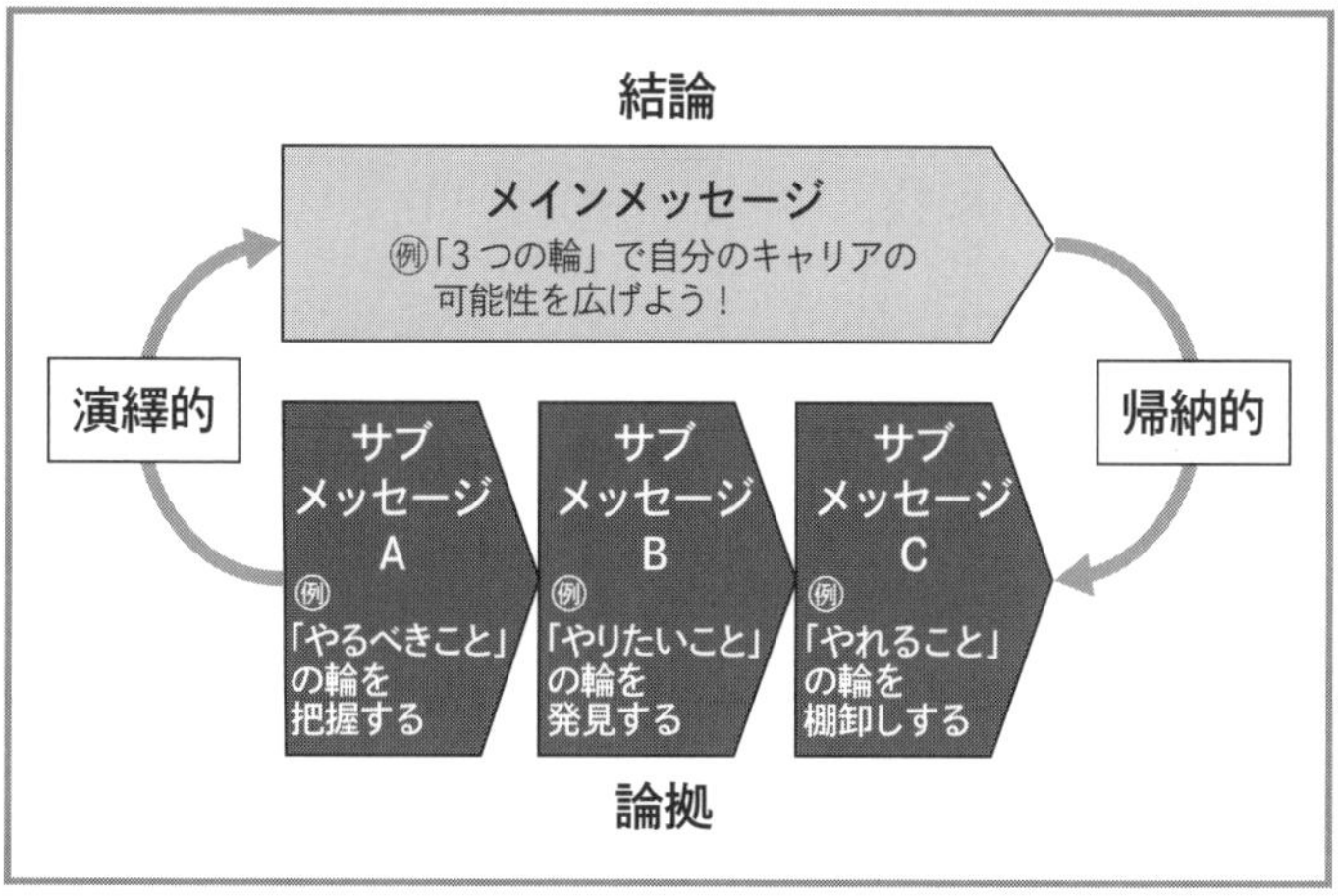

は帰納的な論拠になっている必要があり、サブメッセージからすれば、メインメッセージは演繹的な結論になっている必要があります。

❷サブメッセージ間の水準を揃える

サブメッセージ間の水準とは、切り口のことを言います。ここの質や量にばらつきがあると、違和感が生じます。サブメッセージをつくったら、その水準が揃っているかを確認しましょう。

❸サブメッセージ間の内容のモレやダブリのない状態をつくる

サブメッセージ間の水準が揃ってきたら、内容にモレやダブリがないか確認をします。ロジカルシンキングでは、モレやダブリがない状態をＭＥＣＥ（ミーシーもしくはミッシー＝Mutually Exclusive and Collectively Exhaustive の略。「相互に排他的な項目」による「完全な全体集合」）と言って、「重複なく・漏れなく」という意味で用いられます。サブメッセージ間がＭＥＣＥとなっているかどうかを確認しましょう。

気づきを深めるクロージングをしよう！

～終わりが肝心。ピークエンドのつくり方

首尾よく研修やワークショップを進行し、最後のまとめの段になったら、欠かさずに行なうべきことがあります。それが振り返り（リフレクション）です。

そもそも、人間は忘れる動物です。何か新しい情報が提供されても、何もしなければ、以下の時間が経過するたびに人は忘れていきます。

20分後には42％忘れる。
1時間後には56％忘れる。
1日後には74％忘れる。
1週間後（7日後）には77％忘れる。
1ヶ月後（30日後）には79％忘れる。

エビングハウスの「忘却曲線」

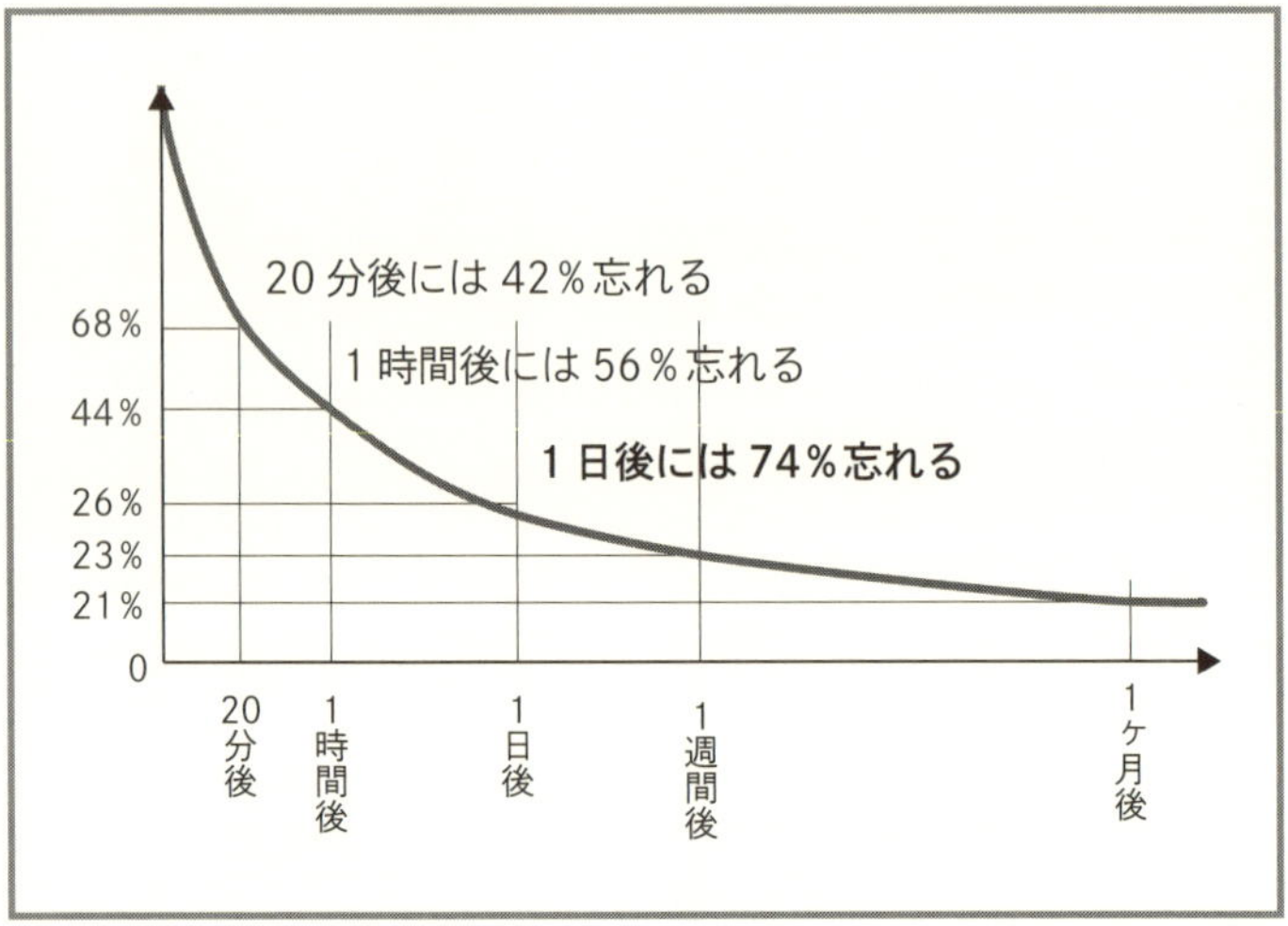

どんなにいい気づきや発見があっても、1ヶ月もしたら、8割が忘却の彼方に行ってしまう。そう考えると、なんだか切なくなります。そうならないためには、ドイツの心理学者ヘルマン・エビングハウスは、復習を繰り返し行なうことが記憶の定着に効果的であると言っています。

メッセージを相手にきちんと残すためには、最後の締めくくりに今日の内容を振り返る機会を持ちましょう。

その際には、講師がレクチャーするだけでなく、参加者間で振り返る機会をつくるとさらに有効です。

特に参加者同士の振り返りは、理解度、気づきの深化のために不可欠です。自分の中で内省し、他者に言葉に出して気づきをシェアすることで、気づきが整理されると同時に、他者視点で新たな観点を獲得できます。

また、**気づきをシェアすることで、肯定的な感情が芽生え、最後に盛り上がるというピークエンド効果も期待できます。**

締めくくりのタイミングで今日の学び、発見をしっかりと振り返る機会を持ちましょう。

小噺９

古典落語に学ぶ、「オチ」のつけ方

落語は、歌舞伎、文楽に次ぐ日本の古典芸能です。私も趣味と実益を兼ねて、よく定席と呼ばれる寄席に通います。

東京都内だと、新宿末広亭、上野鈴本、浅草演芸場、池袋演芸場が有名で、落語家に加えて、色物と呼ばれる漫才師や曲芸師のステージを、お弁当をつつきながら、ときに爆笑し、ときにぼんやりと居眠りしつつ鑑賞するのが至福の時間です。

落語は文字通り、落とし話と言われるように、「落ち」（サゲ）は命とも言うべき重要なものです。これにはいくつもの型があり、長い歴史の中で多くの落語家が工夫を凝らしてつくりあげてきたものです。落語鑑賞も通になってくると、「この噺はどのサゲを使ってきたのか、それはなぜなのか」、そんなことを考えながら名人の噺を聞くと、さらに楽しさが増します。

この「落ちの種類」は、１９４３（昭和18）年刊行の渡辺均著『落語の研究』（駸々堂書店）で巧みに分類が試みられ、それから特に人々の関心が寄せられるようになったと言われています（左ページに一部を紹介）。

このようにサゲには、いくつものパターンがあります。落語は長編の人情噺になると、１時間を超え

オチの種類

考え落ち（かんがえおち）	一瞬考えてから、にやりとさせられるもの
逆さ落ち（さかさおち）	物事や立場が入れ替わるもの
仕種落ち（しぐさおち）	仕草がオチになっているもの
地口落ち（じぐちおち）	いわゆる駄洒落が落ちになっているもの
仕込落ち（しこみおち）	前もってオチの伏線を仕込んでおくもの
途端落ち（とたんおち）	最後の一言で結末のつくもの
ぶっつけ落ち（ぶっつけおち）	意味の取り違えがオチになるもの
間抜け落ち（まぬけおち）	間の抜けたことがオチになるもの
見立落ち（みたておち）	意表をつく物に見立てるもの

『落語の研究』（渡辺均）より

ることも多いのですが、とどのつまり落語家は、このサゲを言わんがために噺を展開していきます。噺の価値は、サゲで決まると言っても過言ではないのです。

自分がメッセージを発信するときも、このメッセージのサゲは何だろう？　と自分に問いかけながら話すことで、名人と呼ばれることにつながるかもしれません。

新人講師・ファシリテーターの「困った」を解消する7つの知恵　何を編

本番で起こしたくないホラーと対策　7つの方法

その1　導入／場に立った瞬間に、頭が真っ白。すべてを忘れる！

起こしたくないホラー：緊張のあまり、場に立った瞬間にすべてを忘れる！

そのとき、どうする⁉：すぐに参加者同士の自己紹介へとシフトする。参加者の注目を講師から参加者間に向けてもらい、自己紹介をしてもらっている間に態勢を立て直す。

その2　チェックイン／アイスブレイクされない。むしろ凍っている！

起こしたくないホラー：緊張緩和がなされない。カチカチに凍っている！

そのとき、どうする⁉：素早く本題に入る。下手なアイスブレイクを重ねて負のループに入らない。

その3　個人ワーク／所要時間が過ぎても終わらない！

起こしたくないホラー：このままいったら大幅に時間が伸びそうだ！

そのとき、どうする⁉：個人ワークのパートは、7割以上の人が終わっていたら切って短縮。どんどん進める。次回があるなら、残りは課題（宿題）とする。

その4　グループワーク／早く終わって時間を持て余しているグループがある！

起こしたくないホラー：やることがなくなってボーっとしている！

そのとき、どうする⁉：ミッションが早く終わったチームには、自分たちがうまくいった理由と、もう一度やるならどこを改善するかを、後で発表してもらうことを伝え、話し合ってもらう。

その5　全体共有／発表を促すと、水を打ったように静まり返る！

起こしたくないホラー：「発表」ではなく「お通夜」状態！

そのとき、どうする⁉：動じることなく、微笑みを浮かべてじっと待つ。「静かですね、この時間。私は好きです」と場の様子を言葉にする。そして「今、皆さんの中で何が起こってますか？」と問いかける。

その6　休憩時間／時間が延びて休憩時間が取れない！

起こしたくないホラー：休憩が取れず、参加者のモチベーションが下がる！

そのとき、どうする⁉：5分でもかまわないので、休憩を入れる。その分、ロングの休憩時間（昼休みなど）を短縮する。

その7 まとめ（クロージング）／まとめでピークエンドをつくれない！ 気づきが薄い！

起こしたくないホラー：まとめにならない。早く帰ろうとしている。

そのとき、どうする⁉：気づきや学びを個人の中で留めさせないこと。グループや全体でシェアして収穫する必要がある。多面的な学びを参加者自身が最後に持ち帰れる工夫をする。

STEP 4

どこで
WHERE

安心・安全な場をつくる

人間は環境に左右される動物であり、どんな状況で研修やワークショップを行なうかによって、印象や捉え方も変わってきます。そのため、相手の気づきを最大限深めるような、万全の環境づくりをしていくことが必要です。このSTEPでは、快適で安心・安全な「場の整え方」について、考えていきます。

関係の質を高める、安心・安全な場をつくる

「関係の質」を高める、安全な場づくりをしよう!

~ダニエル・キムの関係サイクル論

ＭＩＴ（マサチューセッツ工科大学）の経営学者、ダニエル・キム氏が提唱する組織の成功循環モデルによると、チームや組織のメンバー間の「関係の質」が変われば、ものの

捉え方や考え方の「思考の質」が変わり、「思考の質」が変われば、そこから生み出される「行動の質」が変わり、「行動の質」が変われば、最終的には、「結果の質」が変わるとされています。

話し手からの一方的なプレゼンテーションの場であれば、あまり必要ない考え方ですが、参加者を巻き込んでインタラクティブに進めていく研修やファシリテーションをする際には、「関係の質」を高める場づくりは、確実に必要になります。

最終的な成果である「結果の質」を高めるには、サイクルの起点となる「関係の質」そのものに働きかけることが有効であり、具体的には、**その場で意見を言うことが、自分への否定や批判、攻撃につながらないという安全・安心な関係性の土壌をつくることがまずは必要**です。

そうした土壌がつくれれば、互いの活発な意見交換につながり、場自体の活性化へとつながっていきます。

安心できる場づくりの出発点として、その場の共通のグランドルールを定めるような工

組織の成功循環モデル

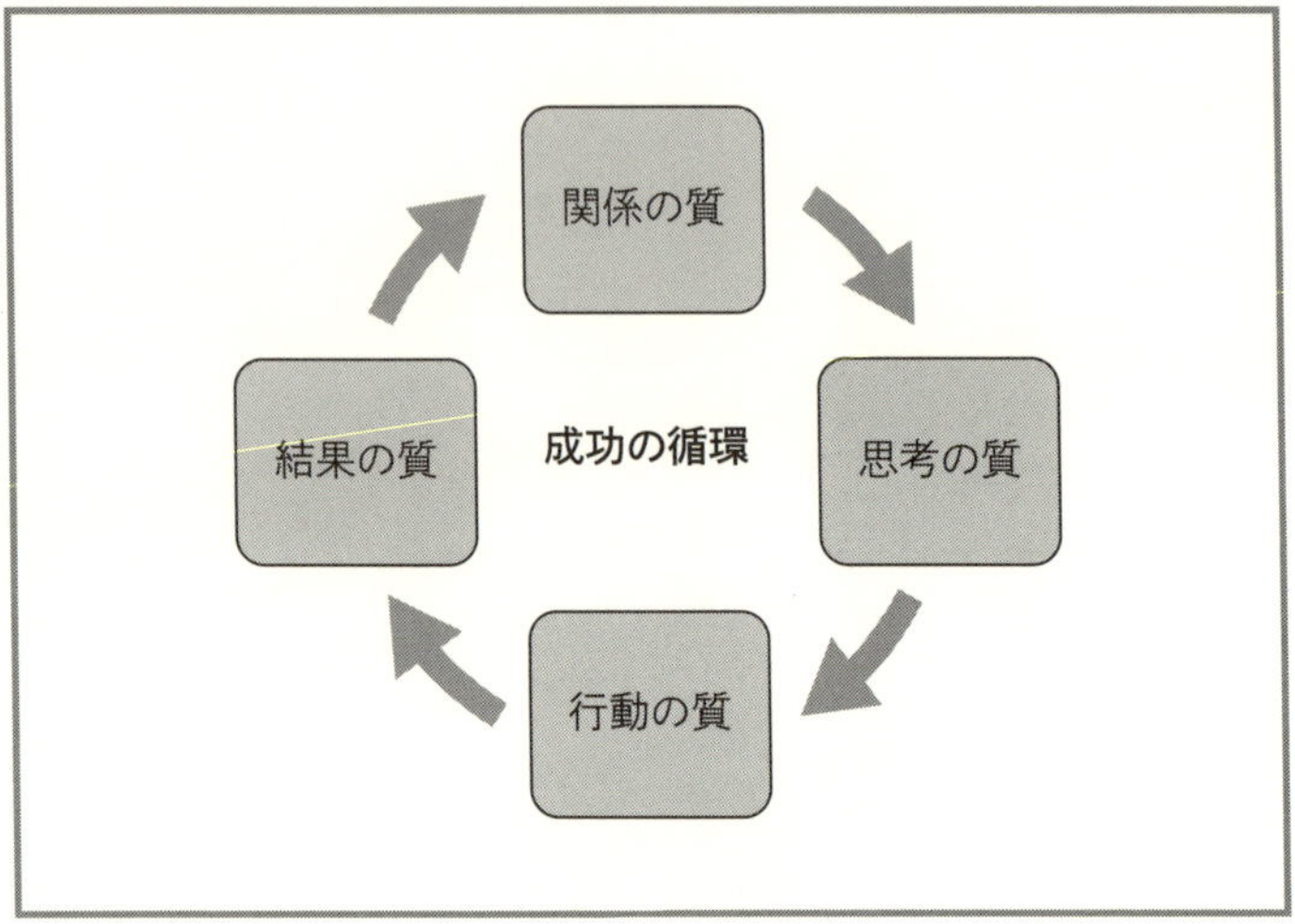

出典：Daniel.H.Kim Organizing for Learnning

夫をすることも重要です。

たとえば研修の冒頭で、「相手の話をよく聴く」「批判・否定をしない」「意見を言うときは、自分のことを棚にあげる」などを示すと、その後が進めやすくなります。

「場」に対して参加者が感じている4つの不安の壁（目的／人／時間／形式）を知ろう！

どんな参加者でも、「場」に対して何らかの不安を抱えています。見知らぬ講師や参加者と、いつもと違う場所で、異なるスタイルで研修やワークショップという場に参加することに、不安や抵抗感があります。

参加者がどんな不安を持っているかを「4つの壁」で示し、その突破方法について考えていきます。

❶「目的」の壁　～何のためにこの場が存在しているのか、不安を感じている

法人の企業研修の場合、事前に研修の意図や目的が詳しく知らされないまま、〝とりあえず、その場に集められている〟といったことがあります。研修の目的を冒頭できちんと示してから、本題に入っていくことが必要です。

ただし、詳細を語る必要はありません。あくまで、全体を貫く目的と意図を伝えること

を意識してください。冒頭で詳細を語りすぎると、予定調和感が出てしまいます。推理小説だって、オチがわかっていたら、先を読み進める気を失ってしまうものですよね。

❷「人」の壁　～近くにいる参加者が何者か、不安を感じている

参加者からすれば、見知らぬ人が多い場合は不安であり、特にグループでの協働を伴う際には、打ち解けないまま進めると、距離が開いたまま、空気を読み合うなんてことがよくあります。ゆえに、参加者間の自己開示を早いタイミングで促すことも重要です。

人は、誰かに自分の思っていることや感じていることを吐き出すことで、スッキリします。これをカタルシス効果と言いますが、自己開示の深さが心理的な距離に反映されます。自己紹介の際は、所属や仕事内容といった表層情報だけでなく、参加動機や今の気持ち、価値観といったところまで共有できると、相手との距離が近くなります。

私が研修で参加者に自己紹介をしてもらうときには、①おところ（所属や仕事内容）、②期待（研修への期待や参加動機）、③今の感じ（感じていることなんでも）を話してもらうことからはじめます。もっとフランクにいきたいときは、「マイブーム」や「自分を動物に例えると」といった「お題」を出すこともあります。

❸「時間」の壁　～いつまで拘束されるのか、時間に不安を抱えている

研修やワークショップの終了時刻や、昼食の時間、休憩時間など、時間に関するストレスを早いタイミングで取り除くことも有効です。ただしここでも、分単位の詳細なタイムテーブルを参加者に伝える必要はありません。あまりに詳細を伝えると予定調和になるのと、当日の状況を見て、コンテンツを臨機応変に変えたいときに、手元にタイムテーブルが残っているとそれが障害となって変更しにくくなるからです。

❹「形式」の壁　～どんな形式で進行していくのか、そのやり方に不安を抱えている

どんな形式やスタイルで進めていくのかを先に示すことも有効です。特に、双方向型の研修では、参加者に一般的なスタイル（一方通行の座学）とは明確に異なるということを伝えます。

たとえば、私はこんなことをよく言ったりします。

「今日は、学校のように教師が一方的に黒板に板書し、それをノートに書き写すといったやり方ではなく、参加者の皆さん同士で議論や意見交換をする、皆さんが主役の場です」

「講師が話をするのは2～3割、参加者同士で話をするのが7割強です」

「そうしたスタイルで進めるので、よくも悪くも、グループの一人ひとりの参画度合いが

研修の効果にダイレクトに反映されます。だからこそ、前のめりで取り組んでくださいね」

このように「参加者主体の場」であることを強調して進めることで、主体性を高めます。

参加者が場に対して感じている不安の壁をあらかじめ認識し、その壁を取り除くことで、参加者はその場にしっかりと自分という碇《いかり》をおろし、落ち着くことができるようになるのです。

安心・安全な場をつくり、参加者の自己成長の枠(ジョハリの窓)を広げよう!

前述の4つの不安の壁をしっかりと取り除くことができれば、安心・安全な場づくりができます。安心・安全な状態になると、参加者はリラックスし、思っていること、感じていることを発言できるようになります。また、周囲のメンバーも同じような状態になって相互作用が働き、互いに高め合う関係に近づきます。それを図で示すと次ページのようになり、一般に「ジョハリの窓」と呼ばれる枠組みになります。

ジョハリの窓

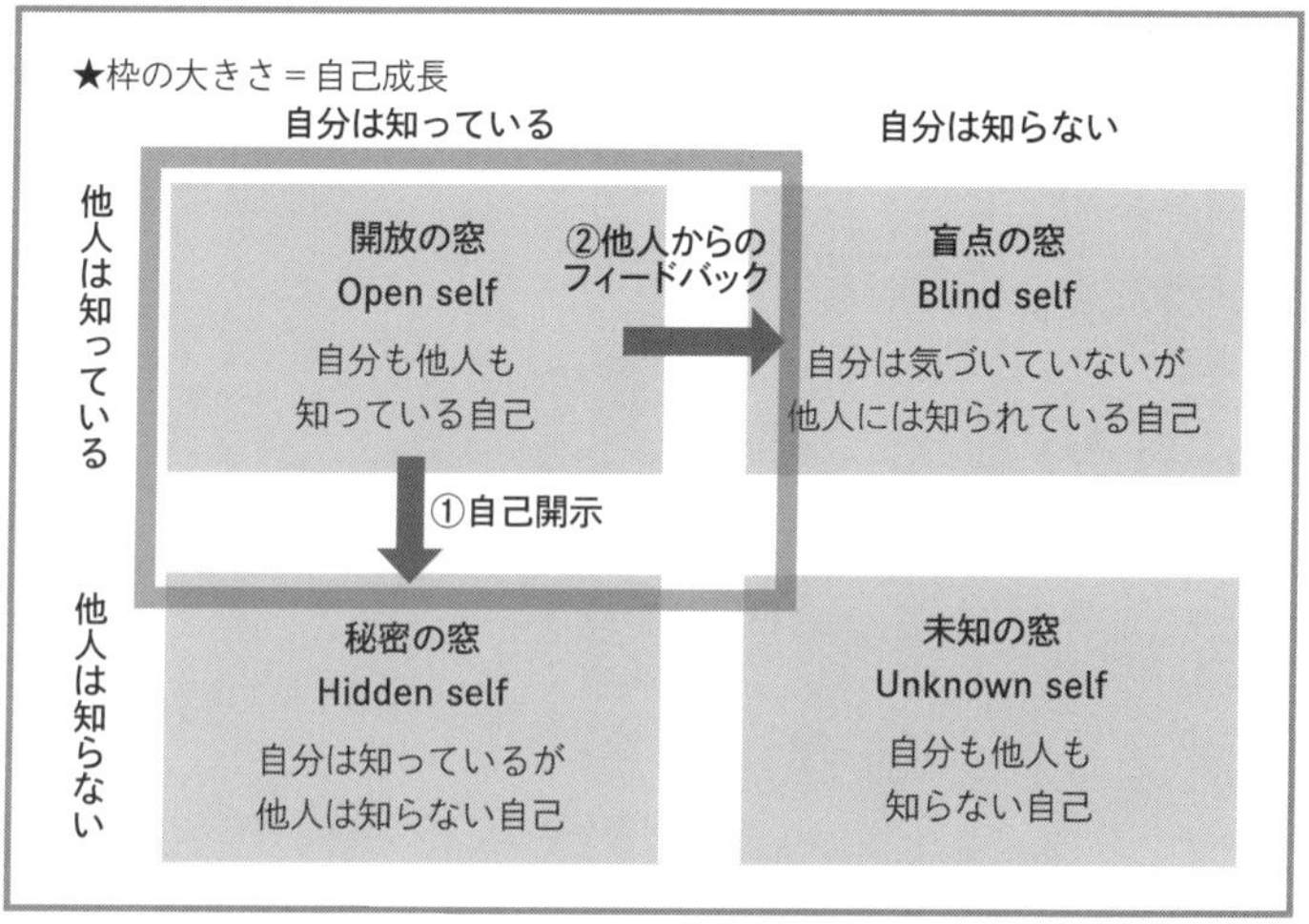

出典：ジョセフ・ルフト／ハリー・インガム

安全・安心な場ができると、参加者本人は自ら話をすることができ（①自己開示）、他人から意見をもらうことで（②他人からのフィードバック）、自分だけでは気づかなかったことを知ることにつながり、結果として自分の枠が広がり、成長につながるという考え方です。

参加者の成長を促すためにも、繰り返しになりますが、まずは安全で安心な場をつくることが有効です。

小噺10

ダジャレのチカラで「関係の質」を高める

私の尊敬する友人で、一般社団法人日本だじゃれ活用協会代表理事の鈴木ひでちか氏（著書『爆笑する組織』自由国民社）によれば、遊び心のあるダジャレは、組織の緊張をときほぐすユーモアであり、ダジャレで遊びのスペースをつくることで、人の自然体が引き出され、「関係の質」が高まるとしています。

ダジャレと言うと、「オヤジギャグか……」と敬遠する人もいますが、鈴木さんは「オヤジギャグは自己満足が基点で自己中心的」であるのに対して、「ダジャレは相手中心。つまり、相手を楽しませたい、リラックスさせたいという愛情があるもの」と、まったく違うものと分類している点が興味深いところです。

最近の職場はＩＴ環境の進歩もあり、フェイス・トゥ・フェイスでのコミュニケーションの機会が減っていたり、雇用環境の変化によって、社員運動会や社員旅行、休日に上司の家でバーベキューといった、かつてのような、古きよき大家族的で密接な関係性が希薄になっています。結果、職場や上司とのギスギスした状態に内心では気づきながらも、フタをして過ごしている人は少なくないのではないでしょうか。

そんな中、組織のリーダーにこそ、率先して冗談を言ってメンバーを笑わせ、リラックスした雰囲気をつくって「関係の質」を高めていくことが求められています。そうした新しいリーダーシップのあり方を、鈴木さんはダジャレリーダーシップ、略して「ダジャリーダーシップ」と名づけています。そして、「ダジャリーダーシップ」の効用として次の5つを挙げています。

①**リラックスした雰囲気をつくる**　ダジャレは、チームに適度なリラックスした雰囲気をもたらす

②**メンバーとの距離を縮める**　ダジャレは、メンバーとの距離を縮め相手の本音を引き出しやすくする

③**ポジティブな気持ちを引き出す（問題解決力を高める）**　ダジャレは、メンバーの気持ちをポジティブにして、前向きなチャレンジ精神を引き出す

④**チームとしての一体感を生み出す**　ダジャレは、楽しさを共有してチームに一体感を生み出す

⑤**遊び心・創造性を引き出す**　ダジャレは笑いをもたらし、メンバーの創造性の発揮を手助けする

「関係の質」を高めることは、ファシリテーターとして場づくりするときにも欠かせませんし、組織やチームのリーダーとしてメンバーと関わるとき、リーダーシップを発揮するときにも効果を発揮します。遊び心を持って、プレイフルで豊かな場をつくっていきたいものですね。

空間を有効活用する

参加者の行動を引き出すレイアウトの効果（スクール／アイランド／バズ／サークル）を知ろう！

レイアウトをデザインすることも、環境づくりの基本です。たとえば、スクール形式レイアウト（168ページ参照）には、「上下関係」や、「知識のある人から、ない人への一方的な情報伝達の場」という印象が参加者に刷り込まれ、安心できる場になりにくいといった特徴があります。

生態心理学者のJ・J・ギブソンが提唱した「アフォーダンス」という概念があります。「アフォーダンス」とは、環境に存在する行為を誘発する概念を表わします。たとえば、目の前に椅子が置いてあるとします。椅子には特に「座れ」とは書いていないにもかかわらず、多くの人は「この椅子は座れるものだ」と認識します。それは椅子自身が「座る」という行為をアフォードしているから。スクール形式のレイアウトでは、参加者に「これからはじまる場は『一方的に聞くもの』だ」という行為をアフォードしてしまうのです。

私は日々、多くの会場に行きますが、事前に準備されているレイアウトのほとんどは、スクール形式かアイランド形式で、基本的には、そのまま研修を実施することを強いられます。しかし、参加者間の心の壁を取り払いたい、参加者により深い内省や自己開示を促したいような場合には、互いを遮る障害物となる机は取り払うなど、目的に応じてレイアウトを変えるのが有効です。**参加者にどんな行為を「アフォード」したいのか、意図を持って環境をしつらえることが必要**なのです。

基本的な 6 つの会場レイアウト

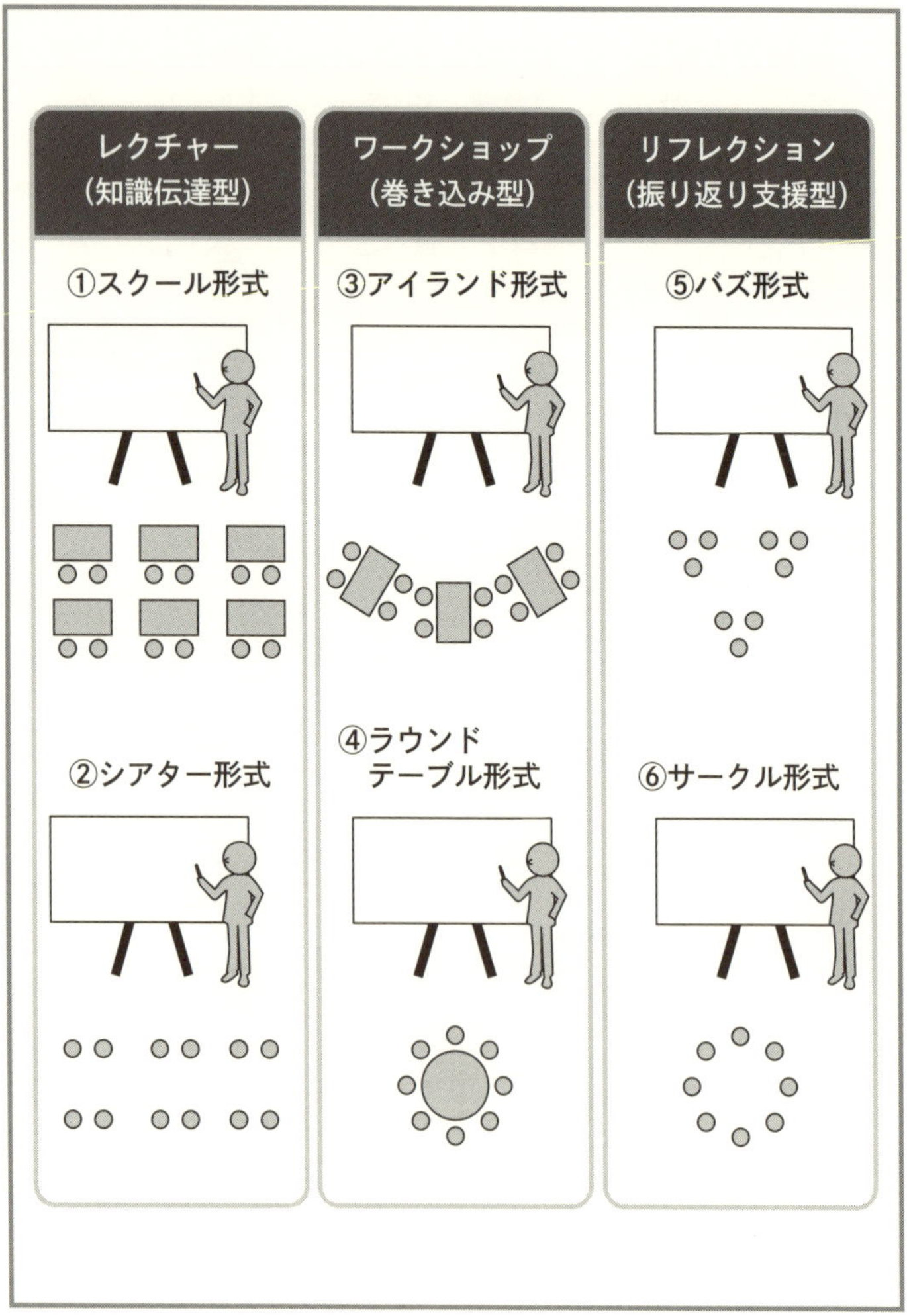

① スクール形式
時間に制約があり、一方で大量の情報を伝達したいとき、また正解があり、ルールやそれにまつわる情報を効率的に伝達したいときに有効。運転免許センターの講習会や、学習塾、学校などは、基本的にこのレイアウト

③ アイランド形式
机が確保され、またアイランド（島）として4～6人のグループに分けることで、グループ内で対話・共同作業をして欲しいときに有効。研修やワークショップで比較的多く用いられる形式

⑤ バズ形式
リフレクション（振り返り支援型）は、基本的に机を用いないのが特徴。バズ形式は、参加者間で対話したり、内省を促したいときに有効。2～3人程度で小グループをつくる小回りのきく形式

② シアター形式
①の効用に加えて、机を取り払うことで人数を多く会場に収容できるのがメリット。机がないので、比較的容易に近くの人たちと交流できるのが特徴

④ ラウンドテーブル形式
参加者数が少ないときや、全体でコンセンサスを図りたいときに用いる形式。中華料理の円卓のように上座、下座の概念がないため、自由な議論が可能

⑥ サークル形式
④のラウンドテーブルの机を外して円の外周の距離を縮めることで、親密性を増し、意見の活性化を狙う

また、部屋の「正面」は自在に変えることができます。もともとの部屋の意匠通りにしなければならないルールはないにもかかわらず、部屋のレイアウトに従って、窮屈さを強いられている例が少なくありません。

参加者からすれば、ホワイトボードやスクリーンのある位置が正面であり、プレゼンターが立つ位置が正面になります。避けたいのは、外の景色が見えて気が散りそうな大きな窓のある面、出入り口のある面を正面にすること。

また大きな柱の付近は、視覚的に遮断されることもあるので、視界を確保することが求められます。常にその場にいる全員がフェイス・トゥ・フェイスの状態になるように配慮しましょう。

五感に働きかけて、参加者が「快」を感じる空間をつくろう！

心理的に心地よい快適な状態をつくるには、人間の持つ五感（視覚、聴覚、触覚、嗅

覚、味覚）それぞれに働きかけることが有効です。それぞれにどんなアプローチがあるのかを見ていきます。

●視覚

人間は、70％近くの情報を視覚から得ると言います。どんなに素晴らしい講師やコンテンツでも、会場が汚れていたら台無しです。特に、第一印象をつくる受付周りや、参加者の目につきやすいホワイトボードの汚れ、目障りな備品や椅子、机などは片づけましょう。

●聴覚

サウンドも大いに状況を左右します。極力、不快な音を遮断するために、事前に部屋の防音性を確認しておきましょう。防音性が乏しく、隣室の声が聞こえてくる状況なら、互いにマイクを使用しないよう、事前に取り決めをしておくといったことも必要です。また、個人ワーク中に会場に出入りをする際には、扉の開閉時の音に気を配ったり、音の出る片づけはしないよう、スタッフにも申し伝えておきます。

終了の時刻を告げる際などには、心地よい音色を出すといいでしょう。私のお勧めは「おりん」です。透き通る音色が、打音とともに、いつまで

も伸びていくのが特徴です。

●嗅覚

忘れてはいけないのが、香りです。アロマテラピーによるリラックス効果はよく知られており、先進的な企業では、脳を活性化するために、エアコンを通してさまざまな香りを送り出しているほどです。ある企業では、最初はリフレッシュのための柑橘系の香り、次に集中力を高める芳香、最後にリラックスするための松林の香り……と一定サイクルで香りを変えて、知的・創造的な活動を刺激しているそうです。

ここまで本格的にしないまでも、休憩中に空気の入れ替えをする、エアコンの清掃を欠かさないといった、最低限できることは準備を尽くしましょう。

●触覚

触覚と聞いて、何があるのか気になった人も多いかもしれませんが、触れるものが、紙とペンと机だけでは、刺激になりません。対話を促すワークショップでよく使っているのが、「クーシュボール」です。先端が細いゴム状の糸で覆われているのが特徴で、おそらく、これまで感じたことのない触感のはずです。

人間の手のひらは、足の裏と同様に多くの繊細なセンサーが通っていて、何かを判断するときに手で触って知覚することも多いと言います。このボールを触って独自の触感を楽しみながら、脳にいつもと異なる信号を送ると、知的な活動を一層、促進します。

対話が滞ったときには、このボールをパスし合い、持った人が話をするなど、プレイフルに場を進めていくときのスパイスにもなるので重宝します。

●味覚

最後に味覚ですが、ちょっとしたブレイクで出すおやつも、研修やワークショップの句読点になります。特定の場所に、アメやチョコレートなどのおやつ、コーヒーセットなどの飲み物のセルフコーナーを設けるのも有効です。できれば、口に長時間残る飴は避けましょう。さっと溶けるチョコなどが理想です。

セルフコーナーのようなスペースを用意しておくと、座席の遠い参加者とも会話が生まれるきっかけができて、場がさらに活性化します。

社会心理学に学ぶ！　距離感をコントロールして、参加者との心の距離を近づけよう！

講師の自分がどこに立つか、自分のホームポジションを決めることも大切です。

そして重要なのは、ホームポジションから動いてはいけないのではなく、いったんその場所に立ったら、あとは自由に動いていいということです。

ただし、場面が変わるときや、最も伝えたいことを話す場合には、ホームポジションに戻りましょう。ホームに戻ることで自分の心の落ち着きを取り戻せるだけでなく、参加者が「オフィシャルな話があるのだな」と耳を傾けてくれます。

参加者との距離感を考えるにあたっては、社会心理学の「パーソナル・スペース」という考え方が参考になります。これは、他者と自分の関係性の違いによって生じる、自分の「心理的な縄張り」のことを指します。

人は、相手との関係性に応じて距離感を使い分けていると言われ、アメリカの文化人類学者エドワード・ホールは、相手との関係と距離感を4つに分類しています。

相手との関係と距離感

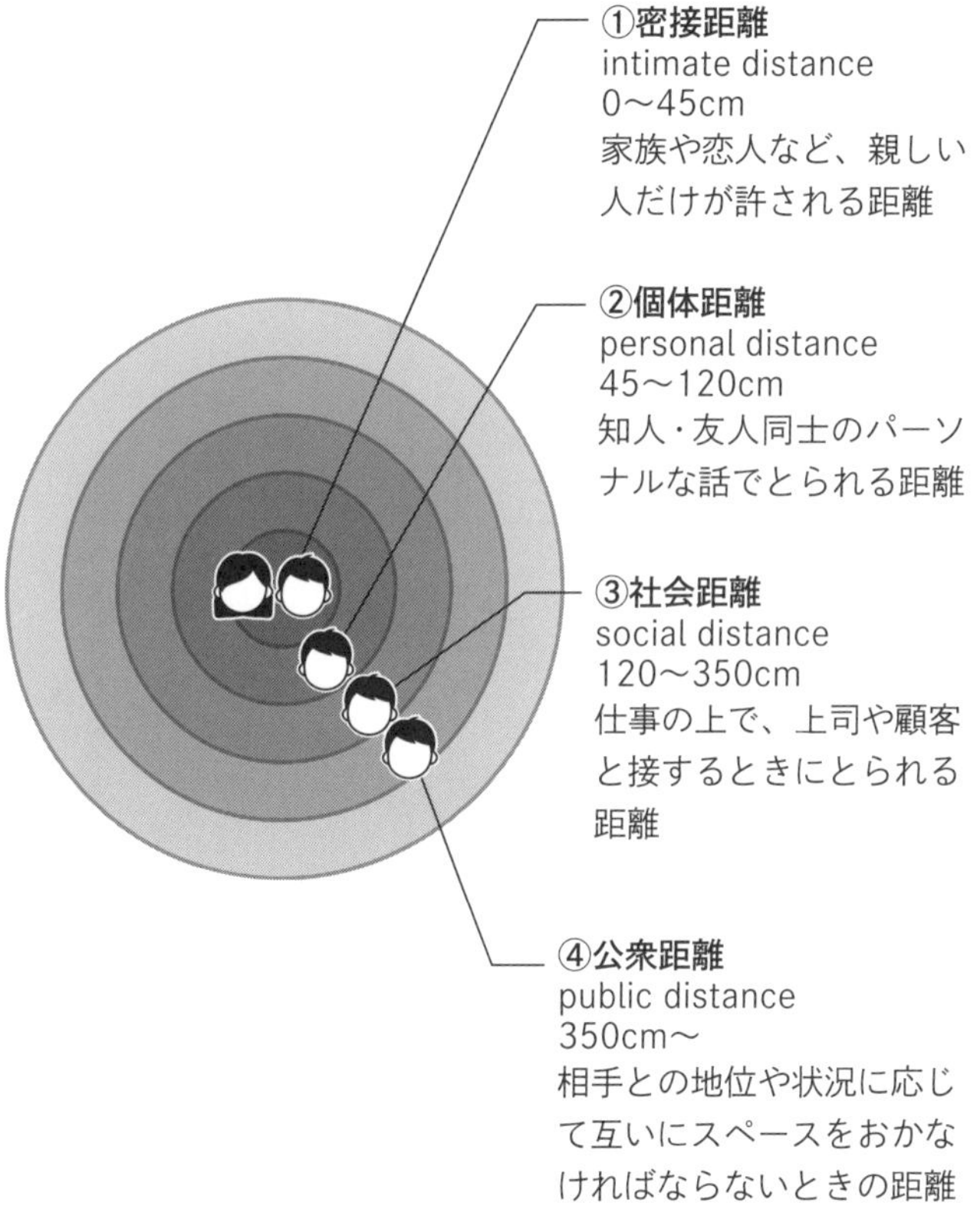

相手との関係性や状態に合わせたパーソナル・スペースを意識して接することも、心地よいコミュニケーションをとるひとつの方法

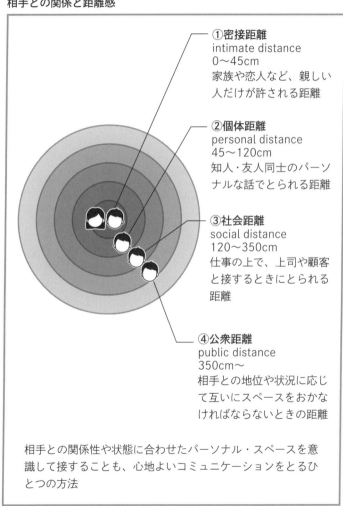

小噺11

ネイティブアメリカンに学ぶ、サークル（輪座）の有効性

車座になって座し、話をすることでこころの内を共有することは、ネイティブの伝統である。

ジョン・ピーターズ（スロー・タートル）ワンパノアグ　インディアン

「トーキングサークル」をご存じでしょうか？　直訳すれば、「話し合いの輪」。トーキングサークルとは、ネイティブアメリカンに伝わる伝統的な話し合いの場のことを言います。本来は火を囲みながら輪になり、あるテーマについて一人ひとりが語ることに静かに耳を傾け、個人の心の内側の奥深くからにじみ出てくる言葉を大切に共有し合う場です。

トーキングサークルには、場、特にレイアウトの持つ力が大きく働いています。輪には、上座下座をつくらず、お互いの存在をフラットに受け入れる力があります。また、話し手は「トーキングスティック」と呼ばれる木製のオブジェクトを持ち、それを持っている人の声に参加者全員で聴き入るのです。

このトーキングサークルの極致とも言えるのが、「スウェットロッジ」です。スウェットロッジ（汗のロッジ）は、ネイティブアメリカンに伝わる儀式のひとつで、私は以前、アリゾナ州セドナ近郊で実際に体験しました。ロッジは、肉体、精神を浄化すると言われる聖なる空間。中に入り、東西南北にそれぞれ車座に座り、ラコタのファイヤーキーパー（火守びと）が4時間かけて真っ赤に熱した石をロッジ内部の窪みに運び入れて水をかけると、とても強いスチームのような蒸気がロッジ内にもくもくと立

ロッジの入り口、イーグルの羽や煙草など
精霊へのお供えものがある

左からセッション後のファイヤーキーパー、
筆者、シャーマン、親友大山氏、小宮氏

ち上ります。

そして「コヨーテのうた」などスピリット（精霊）を呼ぶ歌を歌い、1人ずつドラムを叩きながら時を過ごす。熱々に熱された石は都合4回運び入れられ、都度水をかけ、蒸気がもくもくと立ち上る。それは人生の旅路にたとえられていて、第1ラウンドから4ラウンドまでそれぞれ子供、青年、壮年、死と再生を繰り返します。

熱いスチームが満ちる暗闇は、とても不思議な空間で、言葉でうまく説明できませんが、彼らの言葉で言えば「All my relations」、すべての存在とつながる空間。

儀式後、暗闇から解放されて、外の明るい世界に出た時、普段はそんなこと全然感じない僕が、生きていることの美しさ、すがすがしさを肌身で実感しました。

そして、ファイヤーキーパーから、こんなことを言われます。

「東の方角に座っていたお前の上に黄色い蝶が飛んでいた。蝶はトランスフォーム（変容）の象徴だから、人生を楽しめ！」

最高の体験でした！

伝達ツール・備品を有効活用する

板書の3原則を知ろう！
～①左右使い分け、②表裏使い分け、③間の使い分け

❶左右使い分け

板書（今はホワイトボードが主流ですが）の使い方には、実はコツがあります。ボード

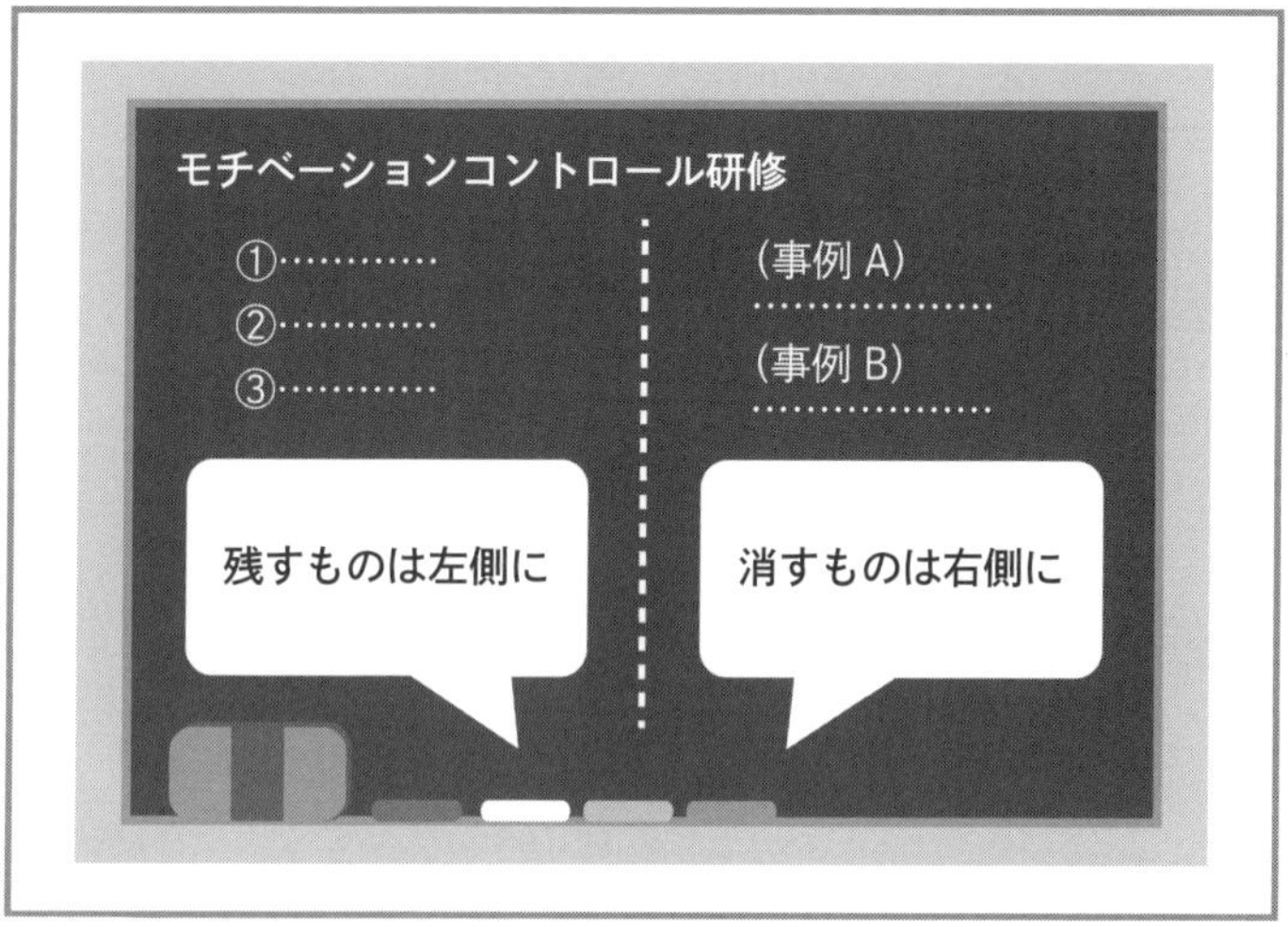

が複数枚あるなら余裕を持って使用すればいいのですが、1面しかない場合は、左右に2分割して使用するのがお勧めです。

上図のように、残したいものは左側に、すぐに消すものは右側に書きます。

こうすることで、参加者は心の準備をしながら聞くことができます。また、左側の文字が徐々に増えていくことで、「知恵・重要な観点が積み重なっていく」という印象を視覚的に残すことができます。

基本的なことですが、ホワイトボードマーカーがきちんと書けるか、薄れていないかを事前に点検することも忘れてはなりません。

❷表裏使い分け

主にホワイトボードが両面使用できるときに使えるワザです。

板書するのは、1分以内が鉄則です。参加者に1分以上背を向けて板書をするのは、参加者の集中力を殺ぐだけでなく、時間の無駄です。1分を超えるような文量のものは、参加者に見えないように、あらかじめ裏側に板書しておきます。そして、ここぞというときにホワイトボードをくるりと反転させてメッセージを伝えるのです。

大事なのは、使用するタイミングで使うということです。先に情報を伝え過ぎると、意識がそちらに向いて注意散漫になり、メッセージがしっかりと届かないことがあります。有効に使い分けましょう。

ワークショップでは、「粘着性シールのついた大型ポストイット」もよく使います。3M社の「イーゼルパッド」を使うことが多いのですが、イーゼルパッドを活用するメリットは、使用した紙を、教室の壁面にそのまま貼ることができるという点です。ワークショップの最後に、まとめのリフレクションをするときにも使用できます。

❸間の使い分け

基本的に板書は、学校の先生のようにやたらと書くことはありません。**研ぎ澄ませたメッセージを「ここぞ」という場面で書く**のが最大のポイントです。

ここぞ、というときに短いキーワードを真っ白なホワイトボードにさらさらと書き、参加者のほうにくるりと向き直って、「ここが大事！」と訴求することは、一種、パフォーマンス的でもありますが、伝達効果を最大限に高めます。

それは、板書が「間」をつくる最良の機会だからです。講師のレクチャーは、とめどなく流れていくものですが、「書く」という行為によって時間を止め、間をつくることができるのです。

講師がボードにメッセージを書いている間、参加者は目で文字を追いながら、「これから、どんなメッセージが発信されるのだろう」と、関心が高まっていきます。彼らの視線を背中に感じながら、波が最高潮に達したとき、振り返り、解説をします。

そして時間が来たら消す。消されることで書かれたものへの興味・関心が高まり、記憶に定着するという心理的な効能も狙えます。

スライド活用の3原則を知ろう！

～①Bボタンで場を支配せよ、②ハリウッド映画に学ぶ視点誘導、③コーポレートカラーを使い倒せ

パワーポイントの詳細な扱い方については別の専門書に譲るとして、本書では、スピーカーとして最低限押さえておきたい点をお伝えします。

❶Bボタンで場を支配せよ

最初に紹介したいのは「Bボタン」です。研修でありがちなのは、スライド主導で話が進んでしまうケースです。本当は、思いを込めて伝えたいのに、スライドに細かい文字が書いてあると、参加者はそちらに気が取られて、話者や話の内容に注意を払ってくれないことがよくあります。

特に、導入時にパワーポイントを使うと、場内前方の照明が暗くなりますし（＝話者が目立たない存在になる）、スライドの前（センター）は投影位置と重なるので、仕方なく、隅に立って開始せざるを得ないというデメリットがあるため、極力、私は導入時にスライ

ドは使いません。どうしても使う必要があるときには、冒頭ではスライドを消して、場の正面、センターに立ち、参加者の皆さんに、この場に集まってくれたことに対する感謝の気持ちをきちんと伝え、目的や流れまでを伝えた上で、スライドを投影しはじめます。

大事なのは、**スライドの電源を切ったりつけたりを、スマートに短時間でやること**です。間違っても、ケーブルを抜くとか、プロジェクターの電源を切る、投影口を障害物で隠すようなことをしてはいけません。

スマートに行なうには、スライド投影モードのF5キーの状態から、「B」のキーを押すこと。すると、一瞬でスライドが暗くなります（Ｂｌａｃｋの頭文字の「Ｂ」です）。細かい話ですが、話者にとって重宝する技ですので、ぜひ活用してください。

❷ハリウッド映画に学ぶ視点誘導

スライドに文字や図形、時間の流れを配置するときには、大原則があります。それは、**左から右**です。また大事な情報は、始点の左ではなく、終点の右に置いたほうが、目に留まりやすいと言われています。

ハリウッド映画の構図でも、左から右の原則が守られており、大事な見せ場では、主人公やヒロインを右に配置することも知られています。

❸コーポレートカラーを使い倒せ

使う色は、基本的に3色までが原則です。色が増えることでコミュニケーションは複雑になります。色が異なるということは、情報の重要度に差があることを意味し、色を多用するほど、その差が複雑化してしまうのです。パワーポイントに搭載されている「色相環のカラーパレット」で同系色を使うと、情報がさほど複雑にならず、相手に伝わりやすいアウトプットになります。

また、お勧めしたいのが、**プレゼンをする対象企業のコーポレートカラーを使うこと**です。個人対象のプレゼンでは使えない技ですが、法人対象では相手に対しての配慮となり、当然、心証がよくなります。

たとえば、携帯キャリアで言えば、ドコモ＝エンジ、ａｕ＝オレンジ、ソフトバンク＝グレーです。自分が伝えたい相手のカラーは何色か、意識してスライドに入れましょう。色使いは気遣いです。

備品取り扱いの3原則を知ろう！
～①マイクの上手な使い方、②ホワイトボードマーカーの視覚原則、③名札で距離感を縮める

❶マイクの上手な使い方

前提として、30人未満の会場であれば、マイクを使用するのはやめましょう。マイクを使用すると、どうしても心理的な距離が生じてしまいます。肉声が最もパワフルで、相手にストレートに伝えることができます。

30人以上となると参加者との距離が開き、肉声が届かなくなるため、マイクを使用せざるを得なくなります。そこでマイクの上手な使用法についてお伝えします。

まず、マイクは有線マイクではなく、無線マイクがお勧めです。

有線マイクを使うと行動範囲が限定されてしまうのと、遠くの参加者にマイクを渡して発表してもらうことができなくなります。また、マイクスタンドもＮＧです。その場に固定され、アクティブな動きが取れなくなってしまうからです。

では、無線マイクをどのように使用すると効果的か？

マイクの種類と正しい持ち方

マイクには主に2種類あります。一方向からの音を拾う「単一指向性マイク」と、会議やインタビューの際に全方向からの音を均等に拾う「無指向性マイク」です。

通常の研修会場に用意されているマイクは「単一指向性マイク」で、一方向からの音しか拾わないため、声を最適な方向から一直線に当てなければなりません。

上図のように、上からの角度にしたり、真下から当てるとマイクの音はしっかりと出ません。斜め45度が理想です。

また、マイクの先をグリル部分と言いますが、ここを握るとハウリングを起こしやすくなるため、握ってはいけません。同様に、尻尾の部分はワイヤレスの電波送信部分になっているため、ここも

ホワイトボードマーカーの種類

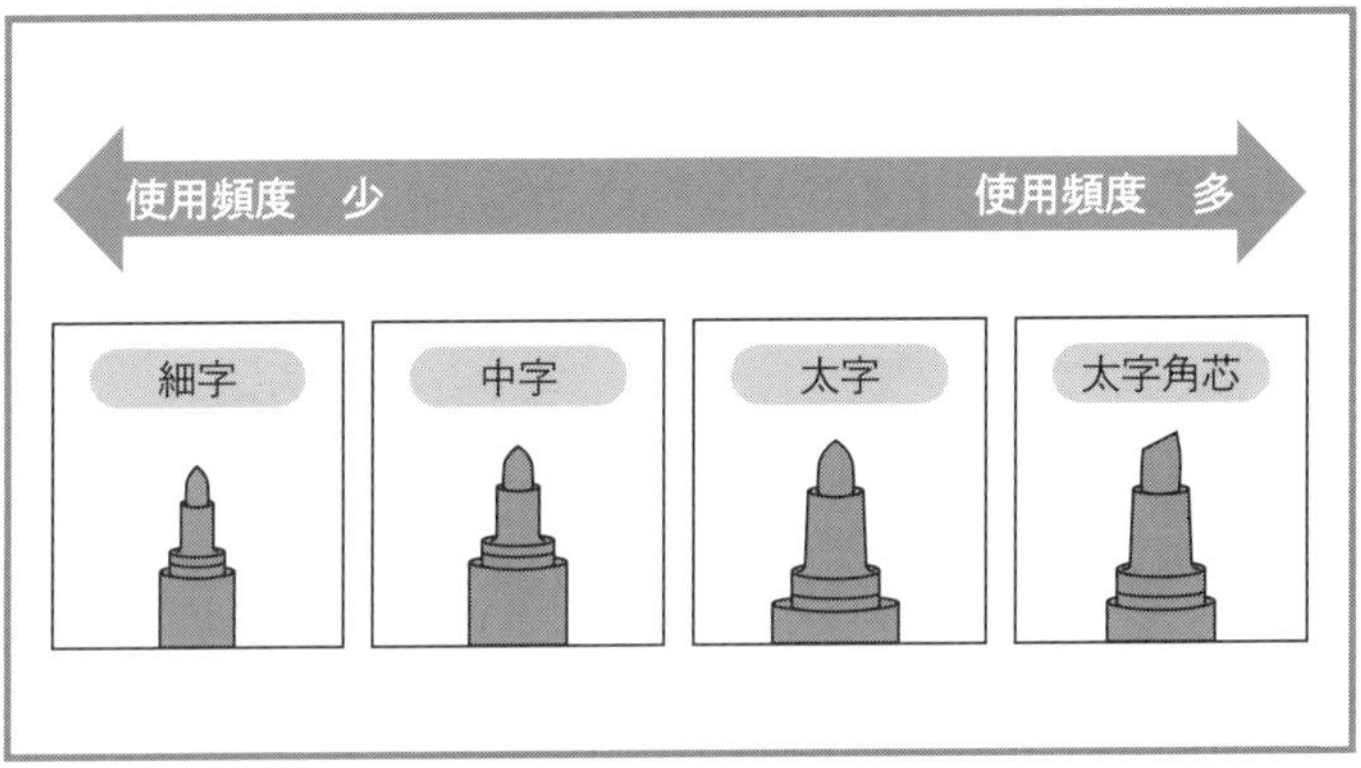

握ってはいけません。

そして、マイクと口を近づけ過ぎると、息がかかってボンボン音がするので（ポップノイズと言います）、適度に離して使うのがベストです。以上を踏まえて、マイクを上手に使いましょう。

❷ホワイトボードマーカーの視覚原則

ホワイトボードマーカーは、まず、**ペン先がなるべく太いものを選びましょう。**

細字になればなるほど、字の巧拙が明らかになります。よく、「字が汚いんですが」と断わりを入れて板書をする講師がいますが、字体に自信がない場合は、迷わず太字以上を使いましょう。

また、ホワイトボードマーカーの色は、黒、赤、青の3原色が基本です。目立たせたいところを赤字で板書する人が多いと思いますが、赤字は黒や青に比べ、遠くから見えにくい傾向があります。**大事な点を目立たせたいときは、赤字で記入するのではなく、黒字や青字で書いたところに赤字でアンダーラインを入れると、遠方からもくっきりと見えます。**

以上の、「太字」「赤字アンダーライン」の視覚原則を知っておいてください。

名札

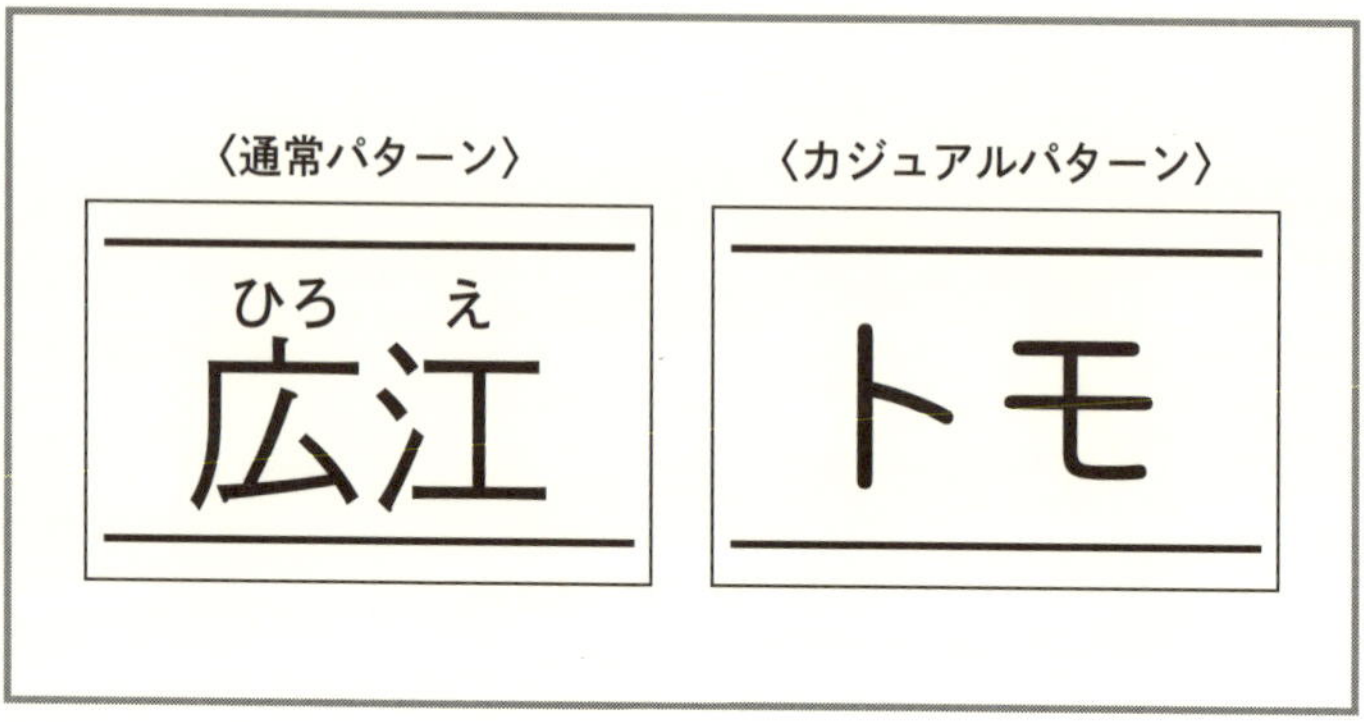

❸名札で距離感を縮める

双方向型の場を持つときには、上のような名札を用意しましょう。

リラックスして進めたいときは、通常パターンの「苗字」ではなく、カジュアルパターンの「呼ばれたい名前」にするのがお勧めです。

名札は、参加者間のコミュニケーションを促進するだけでなく、講師やファシリテーターとの双方向性を高めることにもひと役買ってくれます。講師から参加者に働きかける際に、「そこの眼鏡の方」「青い服の方」「女性の方」……など、名前でなく、外見上の特徴で呼びかけるのは、やってはいけないＮＧ行為です。

名札があれば、序盤から参加者の名前を積極的に使うことができます。ぜひ、名前の「広江さん」「トモさん」で声をかけましょう。

細かい技術を言えば、名札を見ながら話をしないのも大切です。講師やファシリテーターは、「次はこの人に話しかけよう」とあらかじめ意識して名札を見ておいて、声をかけるときには名札を見ずに相手の目を見ます。こうすることで、「あぁ、この人は私のことを覚えてくれたんだ」という気持ちになるからです。

名前を呼ぶことで、参加意識が高まる、関心を引ける、無駄話がなくなる、信頼関係を築ける……距離感を縮める利点がたくさんあるので、ぜひ積極的に名前で呼びかけましょう！

小噺12

強力備品!?「レーズン」を使ったマインドフルなエクササイズ

STEP1で紹介した、マインドフルを実現するエクササイズをひとつご紹介します。レーズン一粒という、小さな備品（!?）を使ってガラッと場の質感を変えてしまう、単なるアイスブレイクを超えるエクササイズです。このワークのインパクトは強く、終了後に流れる気づきに溢れた豊かな時間が私は大好きです！

〈レーズンエクササイズ〉

★要するに　ワークショップのチェックイン（導入）時、ついさっきまで慌しくしていた参加者が、心を落ち着けてこの場につながり、意識と集中力を深めていきたいときに使えるエクササイズ。

★こんなときに使える　今、ここに意識を向けてほしいとき。場の質感を騒々しいものから、ゆったりとした豊かなものにシフトしていきたいとき。

★具体的な使用イメージ　特別に私のスクリプトをご紹介します！　よかったら試してみてください。

＊　＊　＊

皆さんに、ある食べ物を配ります。今からこれを食べてもらいますが、じっくりと時間をかけて食べていきます。

ノートとかペンとか、手にしているものは、すべて床に置いてください。目を閉じて、大きな深呼吸を3回してみてください。深呼吸が終わったら目を開けて、この食べ物を食べる準備をしていきます。

まずは、じっくりと観察します。まるで、この物体を人生ではじめて見たというように。すべての評価・判断を手放します。「何だこれは！」。そんな好奇心を持って観察してみてください。この食べ物のしわ、幅、透明感、色合い、そして指に伝わってくるその感触を味わいます。

そして、自分の体にどんな変化が起こっているのかも見ていきます。口の中に唾液が出てきたとか、持っている手が重いなぁとか、そんなことにも気づいていきます。

今度はゆっくり口に近づけていきます。そこから、鼻に近づけて匂いを嗅いでみてください。どんな匂いがするでしょうか。

では、いよいよ口を開けて舌の上に置いていきます。舌の上に乗った感覚を味わいます。

準備ができたら、自分自身で噛む許可を出してください。その物体をゆっくりと噛んでいきます。歯と食べ物が当たる瞬間や、口の中で物体が押しつぶされる変化にも気づいていきます。

さらに、耳にも意識を向けてください。自分が食べ物を噛む音が聞こえてきます。自分の口が発している音にも気づいていきます。

十分に噛んだら、ゆっくりと飲みこんでください。のどの奥から、食道、胃に到達するまでのプロセスに思いを馳せながら飲みこんでみてください。

さぁ、いかがでしたか。今のワークで気づいたことをシェアしてみてください。

新人講師・ファシリテーターの「困った」を解消する７つの知恵　どこで編

困った場所への適切な関わり方　７つの方法

その1　マイクが使えない

状態：会場が広い、また人数が多いにもかかわらず、マイクが使えない。

対策：会場を声の届くレイアウトに調整する。会場が長方形なら、声が拡散してしまう「横」に使うのではなく、伸びて届く「縦」に使う。演台をなくし、参加者の中を歩き回りながら発信する。

その2　スライドが使えない

状態：用意したパワーポイントやキーノートが投影できない。

対策：デバイスに問題がある可能性もあるため、メインＰＣだけでなく、サブＰＣも用意しておく。要点をまとめた配布資料をお守り代わりに持っておく。

その3　空調に問題がある

状態：座席位置によって、空調の強弱に差がある。

対策：参加者で寒そうにしている、あるいは暑そうにしている人がいれば、その旨を把握し、当事者間

「えんたくん」

出典：有限会社三ケ日紙工 HPより

で自由に席替えができるようにする。

その4　会場がせま過ぎる

状態：自由に対話をしたり、グループをシャッフルしたりとスペースフルな場をつくりたいがせま過ぎる。

対策：思い切って机をすべて取り払い、椅子だけにする。机が必要な際は、ダンボール型の円卓テーブル「えんたくん」を使用する。

その5　交通機関の遅れで参加者の出席状況がまばら

状態：人身事故の発生や大雪などの異常気象で電車の遅延が発生し、参加者が遅れている。

対策：全体の6割未満の出席率であれば、開始時間を30分～1時間遅らせる。終了時間の延長は主催者と相談。6割以上の出席率であれば、導入のチェックインを長めにしつつ、開始する方向で調整する。

その6　時計の時刻が間違っている

状態：会場内の時計が間違っている（5分程度早かったり、遅かったりする）。
対策：すぐに直す。会場の時計は、参加者との標準時間。休憩時間の開始や終了はこの時計を基準にすると宣言し、修正する。

その7　一般的ではない会場である

状態：屋外や食堂、体育館など一般的な研修会場ではない場所で実施される
対策：あえて、その地の利を活かす。そこでしかできないアクティビティを実施する。そうすることで、参加者にこの場を楽しむ遊び心を持ってもらう。著者はかつて、以下を実施。
屋外：マッチを擦って自己紹介（マッチの火が消えるまでの時間を使ってお互いに自己紹介）。
寺の境内：瞑想でリフレクション（今日の学びを振り返り、自分を見つめる）。

STEP 5

どのように
HOW

参加者の力を引き出す

最後のSTEP5では、一方的な伝達だけではなく、全体の相互作用を生み出し、参加者の力を引き出すことで参加者主体の土壌をつくることが、まず必要です。その上で、メッセージを工夫して伝えていく。そのための技術を扱っていきます。

相互作用を生み出し、参加者主体の場をつくる

アイスブレイク（緊張緩和）からはじめることで、参加者主体の土壌をつくろう！

どんな場でも、最初の導入は、講師やファシリテーター主導になるものです。しかし、冒頭の前置きが長くなり過ぎると、参加者の視線が集まり、講師自身の緊張感も高まり、

それが鏡の反応として参加者にも伝染するという負のスパイラルに陥ることがあります。

そうならないために、早いタイミングで「この場は、参加者主体の場である」ということを伝え、参加者同士で自己紹介などを行なってしまうことが必要です。

たとえば、テーマに対しての感想共有や、身近で容易な題材から、まずは話してみるといったように、徐々に暖めていきます。ポイントは、いきなり着火しようとしないこと。ありがちな失敗は、十分に暖まっていないのに、全体に対して意見を求めたり、発表してくださいと一方的に投げてしまうことです。

場を暖める行為は、バーベキューの薪に火を点けていく感覚に近いと言えます。いきなり、薪を盛大に燃やすことはできません。燃えそうな枝と枝の間に、着火剤という名の問いを投げかけていくのです。

最初は2人組、次にグループ3～4人、そこが燃えてきたら、全体に……。このように**スモールステップを重ねて徐々に場全体を暖めていきます。**全体がじわじわ、メラメラ燃えてきたらシメたもの。あとは伝え手ががしゃにむにがんばらなくても、場は自然に暖まり、燃えていきます。

余談ですが、こうした徐々にエネルギーを高めていく手法は、落語の世界でもよく使われています。どんな名人もいきなり、核心の話をはじめません。たいてい「マクラ」とよばれる冒頭の話で小話を振っておいて、その場の感情レベルを一定以上に上げてから、話の本題に入るというやり方です。

参加者の反応（シグナル）の見立て方と対応の仕方をマスターしよう！

一方的な伝達ではなく、参加者を巻き込むには、まず参加者の反応をしっかりとることが必要です。

それが「ＹＥＳ！」の感情である論点への賛成、コンテンツへの興味や関心、同意を指し示す反応か、あるいは「ＮＯ！」の感情である論点への反対、コンテンツへの退屈感や無関心、講師に対して敵意を表明している反応なのか。その反応によって、肯定的か否定的かを把握することができます。

左ページ図の「ＹＥＳ！」を示す肯定的な身体反応であれば、迷わず、そのまま研修を継続すればいいのですが、問題は右側の「ＮＯ！」の否定的な反応を示していた際にどう

「YES」と「NO」を示す身体のシグナル

YES!		NO!
安心	⟷	不安
賛成	⟷	反対
興味	⟷	退屈
関心	⟷	無関心
同意	⟷	敵意

肯定的身体反応		否定的身体反応
• うなずく	⟷	• 首をひねる
• 身体の正面が話し手に向く	⟷	• 視線や身体の向きが話し手と異なる方向にある
• 同意の発言をする	⟷	• 反対や持論を聞こえないように周囲に発する
• メモを取る	⟷	• 手元資料の先を見ている
• 「なるほど、はー」等の感嘆がもれる	⟷	• 「まだ？　疲れた」等の否定的な発言がもれる
• 微笑む	⟷	• 眉間に皺が寄っている
• 机の上に身を乗り出して話を聴く	⟷	• イスに寄りかかって腕や足を組む
• 今、話していることに意識が注がれている	⟷	• スマホやタブレットなど、他に意識が向いている

対応するかです。

否定的な反応の際は、この場の前提を確認する、期待値を調整する、「今、こんな風に感じていませんでしたか」と気持ちを代弁してみるといったような、「仕切り直し」が必要です。

また、対話や質問などの双方向のやりとりを期待しているときに、参加者に長い沈黙が続くことがあります。

シンプルに言うと、沈黙には大きく2つのパターンが存在し、それは、意見はあるが発言すべきか迷っているか、そもそも意見がなく、発言できないかのどちらか、ということです。

大事なことは、沈黙が生まれても焦ることなく、相手の心の中は今どうなっているのか、好奇心を持って見守ることです。

私も経験が浅いときは、沈黙の「間」が怖くて、言葉を重ねることで参加者の沈思熟考の機会を奪い、結果的にその後の可能性を狭めてしまったことがありました。**沈黙で動揺することなく、場がひとつ上のステージにいくチャンスと捉えて、好奇心を持って変化に期待**しましょう。

沈黙の原因と対処法

意見はあるが、発言しない	意見がなく、発言できない
遠慮 心の声：「こんなことを言ったら失礼かな」 対応法：「人には、多様な意見や物の見方がある前提を伝え、率直な意見を歓迎する」	**呆然** 心の声：「今まで考えたことがないから、頭に浮かばない」 対応法：「答えやすいように、Yes/No で答えられるクローズド・クエスチョンにする」
自明 心の声：「何でこんな当たり前のことに答えなきゃならないの」 対応法：「説明しなくてもわかりそうなことだが、応えてもらうことの意味を伝える」	**不明** 心の声：「質問の意味がよくわからない」 対応法：「質問の抽象度を下げて具体例や事例を盛り込む。『とりあえず』の発言も歓迎する」
嫌悪 心の声：「嫌なことを聞かれたな、話したくない分野の質問だ」 対応法：「言いにくくさを感じていることに共感を示し、推測の答えを伝え、手がかりを探る」	**一時停止** 心の声：「よくわからないので他の人の答えを待とう」 対応法：「誰かを指名して答えてもらい、参加者が顔を見合わせてしまっている状態を破る」

『マーケティング・インタビュー　問題解決のヒントを「聞き出す」技術』を元に筆者作成

グループワークの研修では、身体反応だけでなく、参加者同士の話の内容から直接、状況を知ることもできます。

距離があって話が聞こえない際は、相手の唇の動きを見ながら聞く「リップリーディング」という手法があります。やり方はシンプルで、喋っている相手の口元に視線を持っていくという方法です。

ポイントは、言葉の母音（あ、い、う、え、お）のときの口の形を覚えること。日本語には、母音だけ識別できれば、その内容の大まかなところは把握できるという特徴があります。周囲がうるさいところで効果的な、「目で聴く」方法です。いずれにせよ、**意識**

は常に「今、ここ、あなた」に置いておきましょう。

聴く技術で参加者を観客から主人公にしよう！

参加者との相互作用を生み出すには、講師からの一方的な伝達からの脱却を図り、参加者の意欲を発言とともに引き出していく必要があります。その際、**講師は、「グッドスピーカー」であると同時に、「グッドリスナー」にもなる必要があります。**

よい聴き手としてのポイントは、3点あります。

❶「聞く」ではなく「聴く」

「聴く」という漢字には、「耳」「目」「心」と身体の部位がそれぞれ入っているのに対して、「聞く」は、「耳」のみ。つまり「聴く」ためには、**身体全体を使って聴くことに意識を集中させることが必要**なのです。

聴くという行為は、受身ではなく、積極的に、意図的・意識的にならなければできない

人が持つフィルター

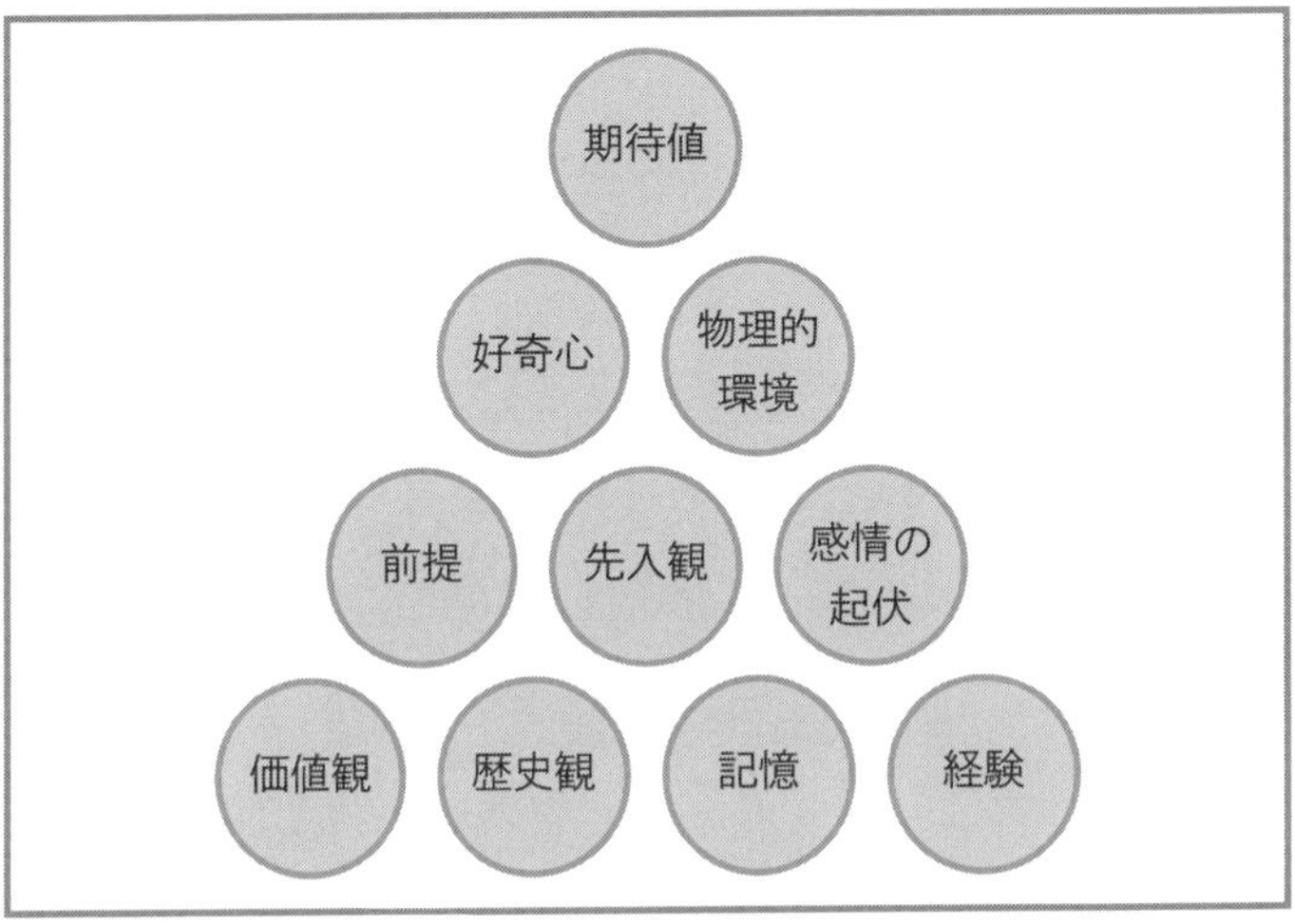

ものです。先ほどのシグナルの察知も、身体全体を総動員して、今、この場に何が起こっているのか、参加者は何を感じているのか、耳も目も心も澄まして聴きにいくことが必要です。

❷フィルターを通さずありのままに聴く

人は、これまで育ってきた環境、慣習、文化といったさまざまな背景から、独自のフィルターを持っています。それを通さず、客観的に聴くことがポイントです。

上の図は、人が持つさまざまなフィルターです。

自分の根底にある価値観や歴史観、過去の出来事の記憶、個人的な体験。そして、その場に対して感じている前提や先入観、コンディションからくる感情の起伏、個人的な好奇心、当日の物理的な環境、そうしたフィルターの上に成り立つ期待値。こうした存在を知りつつ、客観的に聴くことが必要です。

❸判断をしないで聴く

参加者に問いを投げかけるも、その答えが終わらないうちに口を挟んだり、意訳をして要約するなど「判断」や「解釈」を入れてしまうのは「聴く」ことにはなりません。

よく、講師が参加者の発言を板書する際、よかれと思い、自分なりに手を加えて違う表現にしてしまうことがありますが、参加者からすれば、自分の言葉を他人の持って行きたいところに持っていかれたように感じるものです。

参加者の言葉は、極力、そのまま板書する。それを踏まえて「講師の私はこう感じた」、あるいは「あなたはこういうことを言いたかったんですね」とそこではじめて私見を伝える。このほうが納得感は高まります。

また、大事なことは、聴くというのは、**相手の話に反対も同意もしないということ**です。もし反対という判断を下してしまったら、聴き方はぞんざいになりがちで、注意力も散漫になります。

同意の判断は、一見、よさそうに見えますが、同意すると、そのあと解釈が入り、結局、聴くことをやめるので、同意も反対もせず、ただ、相手の発言に対して好奇心を持って受け止めることが大切なのです。

このように参加者から徹底的に「聴く」ということを通じて、参加者はその場にいるだけの受身の存在ではなく、自らが場に存在することの意味を感じ、相互作用が生み出される土壌がつくられるのです。

相互作用は、講師（ファシリテーター）と参加者の「ダンス」をイメージしよう！

研修やワークショップも、目の前に参加者がいるというライブ感を踏まえる必要があります。

仮に研修やワークショップをダンスと捉えれば、リードしているのは講師かもしれませんが、参加者がいます。あなたは、参加者をリードし、リズムを刻みステップやターンを繰り出します。そして、そのステップを追うように参加者もステップやターン、ときにはジャンプをします。つまり、講師だけではなく、参加者も楽しまなければ、誰もが満足、納得する場はつくれません。

そういった意味では、**場の成功は、自分（ダンサー）と参加者（パートナー）と音楽（コンテンツ）の三位一体であり、一緒に踊る歓びを見つけること**が必要です。

ダンスの場合は、2人で息を合わせるために、動き出すタイミングを調整したりしますが、研修やワークショップで相互作用を生み出すには、すでに述べたように、参加者の反応（シグナル）を見て、それに対応することです。その際には、**頭ではなく、相手のハートに目を向け、好奇心を持つこと。「結論」に誘導することを急がず、「伝えたいこと」ではなく、「伝わったこと」に意識を向ける勇気が必要**です

「質問」を効果的に使おう！
～相手の力を引き出す「学習者」の質問とは

かつて、「刑事コロンボ」というテレビ映画がありました。記憶にある方も多いでしょうが、ロサンゼルス市警のコロンボ刑事は、いつもヨレヨレのコートを着ていて、一見すると、とても刑事に見えないのですが、得意の質問で犯人をどんどん追い詰めていきます。

有名すぎる、犯人を追い詰める際のセリフが、ある程度の会話や質問の応酬が終わった後に放たれる、**「最後にもうひとつだけ、いいですか？」**という質問です。

犯人が数々の質問を逃れ、帰りがけのホッとした瞬間に差し込まれる、絶妙なタイミングでの大きな揺さぶり。ここから、コロンボが真実を明らかにするために怒涛の展開を見せていくキラークエスチョンが、「最後にもうひとつだけ、いいですか？」という質問です。

ここでは、「タイミングをずらす」という技が使われています。質問には、こうした技がいくつかありますが、以下に、相手の力を引き出す質問をご紹介します。そもそも「よい質問」には、次のような効用があります。

よい質問は正しい答えを導く　よい質問は、最適な道筋、答えにたどり着く力になります。

よい質問は思考を深め発見を促す　よい質問は、思索と内省を深め、新しい発見を得るきっかけになります。

よい質問は人に力を与える　よい質問は、行動に駆り立てるパワフルな動機とエネルギーを与えます。

よい質問のひとつに、前述の、マリリー・G・アダムス氏による「学習者の質問」があります。人は、自分に問いかける質問次第で、「学ぶ人」にも「批判する人」にもなることができて、「学ぶ人」の状態のときに大きな効果を生み出せるとしています。

図を見てみると、批判者の質問は、変えられない過去に視点が向き、原因を追究し、相手を否定、裁断するネガティブなアプローチの質問が多いのに対して、学習者の質問は、変えられる未来に視点が向き、どうすれば解決できるのか、物事を肯定すると共に相手に、支援や協力を前提に質問をします。こうした気持ちから出た質問は、人に力を与え、動かす力があります。

ぜひ、学習者の質問を活用して、参加者の力を引き出すアプローチをしてください。

批判者の質問と学習者の質問

批判者	学習者

過去重視	**未来重視**
• 何でこんなことが起きたのだろう？	• 次は何をしたら、うまくいくだろう？
原因追究指向	**解決指向**
• これは、誰のせいか？	• どうすれば、正しい状態にできるか？
否定形	**肯定形**
• 何でできないのか？	• 何からはじめていこうか？
裁断	**支援**
• 本当に大丈夫か？	• 何か困っていることはないか？

『すべては「前向き思考」でうまくいく』 マリリー・G・アダムス著 を元に筆者作成

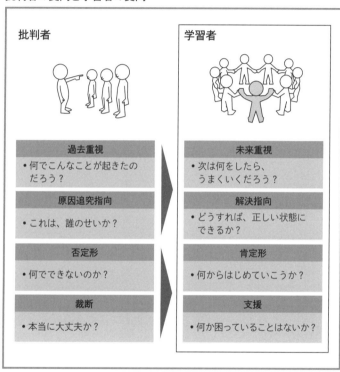

小噺13

相手の「利き感覚」を踏まえたアプローチ

人は、同じことを体験しても違ったふうに捉えます。たとえば、私と妻が同じ映画を観て感想を共有すると、風景の綺麗さ、繊細さに目を奪われていた私と、主人公の行動に深く共感し、温かく捉えている妻といったように、お互いの心が動いた箇所が違うなんてことはよくあります。

これは、人が脳に情報を伝えるときに使用する感覚（利き感覚）の違いから生まれるものです。この感覚の違いをＮＬＰ（※）では、「視覚タイプ（頭の中でイメージや絵を描きながらそれを元に情報処理をする）」「聴覚タイプ（耳から入ってくる音や声をもとに情報を処理する）」「体感覚タイプ（触覚や体の中の感じ、嗅覚や味覚をもとに情報を処理する）」の3つに分類しています。すべての人がすべての感覚を使っているものの、その中のひとつを他の感覚より優先して使っているので「利き感覚」としています。

相手の「利き感覚」ごとにアプローチを変えることで、有効な働きかけが可能となるので、左ページ図で簡単にご紹介します。

ＮＬＰは奥が深いので、簡単にしか触れませんが、相手の「利き感覚」に考慮して働きかけると、コミュニケーションの成果が変わります。対象が少人数であれば、相手を見極め働きかけることも可能です。

視覚システム優位の人の特徴

瞳を上に動かすことが多く、表現も視覚的なことが多い

アプローチ法

「イメージしてみましょう」「この話の焦点はどこですか？」など視覚を表わす言葉を意図的に使う

聴覚システム優位の人の特徴

瞳を左右に動かすことが多く、思慮深く行動することが多い

アプローチ法

「これから言うことに耳を傾けてください」「聞くところによると」など聴覚を表わす言葉を意図的に使う

体感覚システム優位の人の特徴

瞳を下に動かし、自分の体感覚を確認しながら話をすることが多い

アプローチ法

「感じてください」「手応えはありますか？」など触覚を表わす言葉を意図的に使う

※NLP＝米国で1970年代に開発された心理学のひとつで、「Neuro（神経・五感）Linguistic（言語）Programming（プログラミング）」の略。日本では神経言語プログラミングと呼ばれている。

バーバル（言語）を適切に扱う

絶対に使ってはいけない言葉、「D言語」に気をつけよう！

相互作用を生み出し、参加者主体の場をつくったら、参加者の力を引き出すコミュニケーションを「バーバル（言語）」と「ノンバーバル（非言語）」の2つの側面で扱っていきます。まずはバーバル（言語）からはじめます。

日本には古来より言霊《ことだま》信仰があります。言葉には現実の出来事を引き起こす力があると信じられており、「万葉集」に記載されている歌に「言霊の幸はふ国」（言霊が幸福をもたらす国）という記述が見られるように、日本人は古代より、言葉を大事に扱ってきた民族です。身近なところでは、結婚式では、「切れる」「終わる」「閉める」といった言葉は忌み言葉として絶対に使ってはいけないと言われています。言霊は単に宗教的な概念だけではなく、我々の文化に深く根ざしたもので、「よい言葉を口にするとよいことが起き、悪い言葉を口にすると悪いことが起こる」という考え方は、日本人にとって自然な感覚となっているとも言えます。

●D言語を排除する

そこで、ひとつ目の提案は、「D」のつく言葉を禁止することです。

それは、「だって」「だから」「どうせ」「でも」といった、「D」のつく言葉（以下D言語）のあとには、たいていネガティブな言葉が続きます。

「だって、できないもん……」「どうせ無理だから……」といったように。

こうしたマイナスな言葉は自己否定につながりやすく、自分を苦しめるだけです。

●使ってはいけないD言語

どうせ［Douse］「どうせ自分には……」
でも［Demo］「でも、それはできないよ……」
だって［Datte］「だって、無理だもん……」

「D言語」を意識的に減らし、ポジティブな発言をすることで、少しずつ自分に自信が出てくるはずです。

●肯定的な言葉に書き換える

2つ目の提案は、「エネルギーの高い肯定的な言葉」を使うことです。

言語学者のアルバート・メラビアンは、「コミュニケーションにおいて言葉が相手に与える影響は、全体のわずか7％に過ぎない」と言っています。しかし、自分自身に対して投げかける言葉は、自分に100％の影響を与え、結果に直接作用します。エネルギーの低い言葉は、否定や悲観、失望といった感情を伴います。

試しに以下の文字を見てください。

殺、悪、暗、陰、病、汚、敗

どんな感情が芽生えましたか？　次に以下の漢字を見てください。

生、正、明、陽、健、清、勝

今度は逆に、希望や期待、可能性といったようなポジティブな感情が芽生えたと思います。

このように言語には、固有の波動があります。特に日本語は、音の響きだけでなく、漢字での意味も相まって伝達されるため、その効果は良きにつけ悪しきにつけ倍増します。

パワフルでエネルギーの高い言葉には、喜び、成功、愛といったポジティブな感情が刺激され、心理的に快の状態が生まれますが、エネルギーの低い言葉は、寂しさ、罪悪感といったネガティブな感情に置き換わり、自分のエネルギーが下がってしまうのです。

つい謙遜して、自分自身を過小評価し、自己否定をしてしまうことが多いものですが、使っている言葉を肯定表現に書き換えるだけで、自分のエネルギーは変わっていきます。

かの有名なマザー・テレサは、こんなメッセージを残しています。

使ってしまいがちな否定語を肯定語に書き換えよう

否定語		肯定語
すみません	➡	ありがとう
やばい	➡	チャンスだ
不安だ	➡	慎重にいこう
つまらない	➡	穏やかだ
それでいい	➡	それがいい
きっとダメだ	➡	先を見極めよう
ついてない	➡	この程度でよかった

思考に気をつけなさい、それはいつか
言葉になるから。
言葉に気をつけなさい、それはいつか
行動になるから。
行動に気をつけなさい、それはいつか
習慣になるから。
習慣に気をつけなさい、それはいつか
性格になるから。
性格に気をつけなさい、それはいつか
運命になるから。

このように、**言葉と思考と行動は密接に結びついているものであり、どんな言葉を使っていくかが、運命にも影響を与える**ことを認識する必要があります。

相手の心の鍵穴に合った、影響を与える言葉を使おう！

相手に影響を与えるには、相手の心の鍵穴に合ったメッセージを発信しなければなりません。

相手の価値観やモチベーションに直接働きかける言葉を使う。つまり、自分の好きな言葉ではなく、相手の好きな言葉でコミュニケーションを取るということです。

たとえば、チャレンジ、ユニークという言葉を好む上司がいたとします。この上司には「安定」「定番」「伝統」というような言葉は響きません。上司の心の鍵穴に合う言葉ではないので、いくら連呼してもメッセージは届かないのです。相手にメッセージを届けるには、まず相手がどんな性質を持っているのか、パターンを認識する必要があります。以下に、代表的な2つのパターンと、相手に影響を与えるトリガーフレーズを紹介します。

まずは、人の価値観には、「目的志向」と「問題回避」の2つのパターンが存在します。

目的や目標に焦点を当てるタイプの人と、問題や課題に焦点を当てる人です。

目的志向のタイプの人には、「獲得する」「達成する」「○○を実現するために」といった働きかけが心を動かすトリガーになる可能性が高く、問題回避タイプの人には、「○○を避ける」「○○しないように、ならないように」といった働きかけが心を動かす可能性が高くなります。

次に、思考特性のパターンです。人の脳には、右脳と左脳という異なった働きをする2つの脳があり、直感的、感情的、概念的な機能を司る右脳と、論理的、分析的、数学的な機能を司る左脳とでは、響く言葉は違います。

一般的に理系、エンジニアタイプの集団には左脳派が、文系、営業タイプの集団には右脳派が多いと言われます。

右脳派には「面白い」「最新の」「創造できる」といった言葉が、左脳派には「エビデンス」などの根拠や具体性、ロジックなどが影響を与えます。

こうした特性も考慮して、働きかけていくことが有効です。

2つの「方向性」と「思考特性」

●**方向性**　目標を達成しようとするときと問題を回避しようとするときではどちらがやる気が高まるか

「目的志向」vs「問題回避」

「**目的志向**」とは、目標を達成したりゴールに到達したりすることでやる気が高まる。優先順位をつけるのが得意。問題点を見つけるのは苦手。

「**問題回避**」とは、物事の問題点に意識を向ける。問題を解決することでやる気が高まる。目標やゴールに意識を向けるのは苦手。

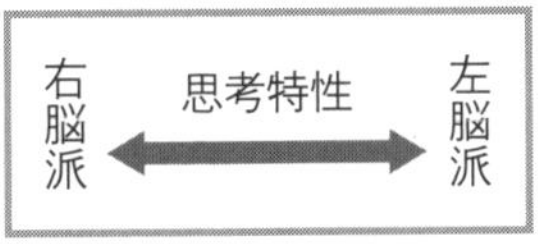

●**思考特性**　イメージや直感、感性を大事にする右脳派か、論理や分析を重視する左脳派か

「右脳派」vs「左脳派」

「**右脳派**」は、自分の直感、感性に基づいて自ら判断を下す。

「**左脳派**」は、ロジックや事実に基づいて判断を下す。

〈トリガーフレーズ〉

▶**「目的志向」**

到達する　獲得する　所有する　手に入れる　受け取る　達成する

▶**「問題回避」**

避ける　近づかない　～がない　除外する　除く　逃れる

▶**「右脳派」**

面白いですよ…　最新の○○です！　驚くことに…

自由に使っていいですよ！

▶**「左脳派」**

文献・参考資料によると…　根拠は○○です…

順を追って説明すると…　スケジュールをご覧ください…

カタカナ、専門用語に逃げるのはやめよう！

～きれいな言葉は、うすっぺらい

流行語大賞を受賞した言葉が、10年後にも使われていることはありません。流行語にはある時期、人の気持ちや想いをひきつける強烈なパワーがたしかにあります。しかし、その力が強いほど、世相や状況の流れが変わってすぐにフィットしなくなるのも事実です。

一時期、一世を風靡した次のような言葉、記憶にありませんか？「Web2.0」「アウトオブ眼中」「チョベリバ」これらの言葉はうすっぺらく、残らないのが現状です。

流行の言葉を使うなとは言いませんが、最も伝えたいメッセージに使うのは控えるのが賢明です。

頻繁に使う形容詞や副詞についても、使い方を考える必要があります。「よい」「すごい」では程度が伝わらず、どれだけすごいのか、何がすぐれているのか、具体的にすることが必要です。「早く」「多め」という副詞は具体的な数字に置き換えないと伝わりません。

言葉は、品詞で言えば、動きに直結する「動詞」を使うようにします。「行動」より「動け」、「気づき」より「気づく」。動詞で考えたほうが具体的な行動につながる、動的な言葉として力を放つようになります。

また、語尾が曖昧な状態で結ばれるのもNGです。語尾が曖昧だと、フワっと終わってしまうということがあります。そうならないために、実行や断定の言い切りで自信を持って閉じることが必要です。

〈語尾が曖昧なNG例〉「～と思います」「～と考えます」「～を検討します」
〈語尾を言い切りにした例〉「～と信じます」「～と確信します」「～に違いないです」

あとは、口癖で、よく「えーと」「まぁ」「おそらく」「かもしれない」などを使う人もいますが、文章にすると滑稽な印象を与えます。

「えーとまぁ、このプロジェクトは、私たちが望むものを、おそらく、達成してくれるものと思います。たぶん……」

文字にすると滑稽さが伝わるのですが、話し言葉では気づかずに習慣で使ってしまうものです。ぜひ、日頃から正しい言葉を使うようにしましょう。

漫画に学ぶ！「オノマトペ」で情感まで訴えよう

「オノマトペ」をご存じでしょうか？「ゴーン」（鐘）といった擬音語と、「ピカピカ」（輝き）などの擬態語を総称するもので、人の感性に直接働きかける表現です。日本語は他言語に比べてオノマトペが豊富にあるとされ、その数はなんと4800種類に及ぶと言われています。

たとえば、雨が降るシーンには、以下のような表現方法があります。

「しとしと」雨が静かに降る様子
「ざーざー」大粒の雨が激しく降る様子
「ぱらぱら」雨などが連続的に落ちかかる様子や音

このように、雨音ひとつにも多様な表現があり、オノマトペによって、情緒豊かな、奥行きのある繊細な表現が可能となるのです。そのときの状況や、人物の表情、息遣い、態度、姿勢、心の中の動きの描写といったような繊細なものが、このオノマトペによって映し鏡のように示すことができます。

他にも効用があります。とある陸上の監督が「選手への指導の際によく『ぐいぐい行け！』と言っているが、このオノマトペがないと、いちいち説明しなければならなので困る」とインタビューで答えていました。オノマトペ抜きで説明しようとすると、「足首を曲げて、膝を下に向けて、自分の重心が前に行ったときに、逆の膝を引き上げて、地面と水平になるように……」などと言葉を尽くさなくてはならず、選手に伝わらないそうです。

それだけ、オノマトペは短い言葉で、文脈はもとより、内容の細かいところまでをも伝えてしまう大変便利で力のある言語なのです。研修で難しいことを簡単に伝えたいときに活用していきましょう。

話を魅力的にする5つの技術を使い倒そう！

～①対比／②引用／③語呂合わせ／④数値・エビデンス／⑤接続語

●技術①対比

先にも触れましたが、人は、対比に魅力を感じる傾向にあります。話をするときや、論点を整理したいときに、対立する軸のバリエーションを多く持っておくと、豊かな表現が可能になります。以下、文脈を選ばずに活用できる普遍的な対比の観点と、文脈ごとに選択して使うことでパワーを得る126個の対比軸を紹介します。

〈どこでも使える普遍的な対比の観点〉

時間軸（過去、現在、未来）

空間軸（場所、方角、広さ、中心と周縁、全体と部分）

変化軸（変化があるかないか）

量軸（多いか少ないか）

文脈ごとに使い分けることで力を発揮する 126 の対比の観点

全体	⟷	部分	集団	⟷	個人	安全	⟷	危険
直接	⟷	間接	原因	⟷	結果	定量	⟷	定性
原則	⟷	例外	主観	⟷	客観	計画	⟷	偶発
分散	⟷	集中	義務	⟷	権利	未知	⟷	既知
楽観	⟷	悲観	広義	⟷	狭義	自立	⟷	依存
安全	⟷	危険	正統	⟷	異端	緊張	⟷	弛緩
感情	⟷	理性	先天的	⟷	後天的	時間	⟷	空間
多様	⟷	画一	予想	⟷	結果	深層	⟷	表層
絶対	⟷	相対	共同	⟷	単独	目的	⟷	手段
一般	⟷	特殊	想像	⟷	模倣	遠心	⟷	求心
遠い	⟷	近い	顕在	⟷	潜在	率先	⟷	追随
専任	⟷	兼任	一貫	⟷	柔軟	2 次元	⟷	3 次元
記憶	⟷	妄想	強い	⟷	弱い	創造	⟷	破壊
積極	⟷	消極	硬い	⟷	柔らかい	長期	⟷	短期
生産	⟷	消費	固定	⟷	移動	促進	⟷	阻害
練習	⟷	実践	事実	⟷	解釈	拡大	⟷	収縮
受動	⟷	能動	具体	⟷	抽象	暗黙	⟷	形式
独創	⟷	模倣	協調	⟷	対立	単純	⟷	複雑
精神	⟷	肉体	自然	⟷	人工	能動	⟷	受動
目的	⟷	手段	論理	⟷	感情	発散	⟷	収束
公的	⟷	私的	保守	⟷	革新	要素	⟷	関係

●技術②引用

その道の専門家や歴史上の人物などの格言やメッセージを引用することは、自分が発信するメッセージを強力に後押ししてくれます。自分のメッセージを相手に届けたい「ここぞ」というときに使うと効果を発揮します。せっかくなので、プロが使えるティップス集としていくつか紹介します。

まずは、アメリカの教育家、ウィリアム・ウォードの「教師」という格言です。

The mediocre teacher tells. 凡庸な教師は指示をする
The good teacher explains. いい教師は説明をする
The superior teacher demonstrates. 優れた教師は範となる
The great teacher inspires. 偉大な教師は心に火をつける

ちなみにこの格言は、研修の最後の締めで紹介し、「教師」と書かれているところを「マネージャー」に置き換えて読んで欲しいと言います。メンバーに指示するだけの凡庸なマネージャーではなく、メンバーの心に火をつけ、インスパイアするグレイトなマネージャーになってください！　と送り出すのです。

これが大事、と結論を言うことは簡単ですが、それを伝えるプロセスとして、相手に興味深く、かつ能動的に聞いてもらう際にも格言の引用は効果的です。

特に、年配層で経験豊富な参加者は、自分の知らない格言が出てきたりすると、知識欲が刺激されて、急に前のめりになることもあるほどです。使わない手はありません。

●技術③公式／語呂合わせ

メッセージを伝えたいとき、公式や語呂合わせ、韻を踏んだキーワードなどを活用すると端的な表現が可能になり、聞き手の記憶や印象に残りやすくなります。よく使っているものに、以下があります。

〈公式〉

成果＝能力×モチベーション

使用シーン：モチベーションの重要性を伝えたいとき、どんなに能力が高くてもモチベーションが低ければ、その効力を発揮できなくなる等の文脈で使用

〈語呂合わせ〉

グ　具体性があり
タ　達成可能で
イ　意欲が高まり
テ　定量で測れて
キ　期日が設けられ
ニ　日課に落とし込まれる目標

使用シーン：アクションプランを精査したり、ブラッシュアップしたいときに用いる観点「グタイテキニ」

●技術④数値・エビデンス

信憑性のあるデータや調査結果、大学教授の研究結果などを示すことは、メッセージの信頼性を高めてくれます。本書でもそうした狙いから、さまざまな学者や研究者の調査結果を紹介しています。

●技術⑤接続語

研修やワークショップでストーリーラインをスムーズにつなげるためには、接続語でストーリーをつなげていくことが大事です。以下8つの接続語を意識的に使いましょう。

①転換を示す　「さて」「ところで」
②要約をする　「整理すると」「要するに」「つまり」
③展開を示す　「なぜなら」「それで」「具体的には」
④強調を示す　「実は」「ポイントは」
⑤追加を示す　「さらに」「そのうえ」
⑥並列を示す　「また」
⑦逆接を告げる　「しかし」
⑧視点を変える　「もしもあの人だったら……」

小噺14

脳の第一言語、「イメージ」を活用する

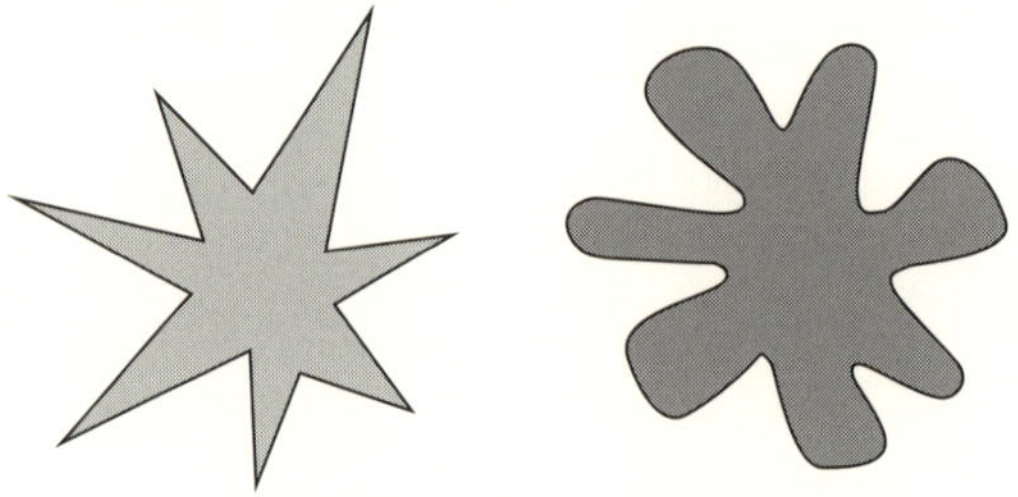

クエスチョン
Ⓐ（左がキキ、右がブーバ）
Ⓑ（左がブーバ、右がキキ）

日本人の第一言語は「日本語」ですが、我々の脳の第一言語とは、何だかわかるでしょうか？　それは、「イメージ」と呼ばれるものです。

ちょっとした実験をしてみましょう。上のイラストを見てください。それぞれに名前がついてます。どちらかが「キキ」で、どちらかが「ブーバ」です。Ⓐか Ⓑ、どちらかを選んでください。

いかがでしょうか？　これは、ブーバ／キキ効果（Bouba/kiki effect）と呼ばれるもので、心理学者ヴォルフガング・ケーラーが、言語音と図形の視覚的印象との連想、イメージについて見られる関係を表わしたものです。

この図を被験者に示して、どちらがブーバで、どちらがキキかを聞くと、98％の人が「左の図形がキキで、右の図形がブーバだ」と答えるそうです。しかもこの結果は被験者の母語にはほとんど関係がなく、また大人と幼

児でもほとんど変わらないとされています。

つまり、文字をはじめとする言語よりも、図やイラストのようなイメージのほうが、迅速かつ的確に、母国語、国境を選ばずにグローバルに相手に意思を伝えることができるということです。

最近のプレゼンテーションを見ても、スティーブ・ジョブズのプレゼンのように、文字多用のスライドはほとんど使われず、イメージを多用したグラフィカルなプレゼンが大変多くなっています。スライドを作成する際も、極力、文字ばかりのスライドは使わず、相手に想いを届けやすい、グラフィックを活用していきましょう！

ノンバーバル（非言語）「表情」「声」「視線」「姿勢」「ジェスチャー」を駆使する

感情表現で豊かな表情をつくろう！

～表情筋トレーニングゲーム

参加者の力を引き出すコミュニケーションとして「何」を言うか、バーバル（言語）も必要ですが、それを「どう」表現するか、ノンバーバル（非言語）も大切な要素です。

表情をコントロールする「感情カード」

楽しい	嬉しい	悲しい	悔しい
安堵	驚愕	感激	胸一杯
泣き	激怒	困惑	普通

表情は、ときに言葉より雄弁で、さまざまなメッセージを伝えます。表情は、言語にとらわれず、参加者に影響を与えるメディアです。この表情に豊かな表現力を身につければ、成果をもたらします。

しかし我々は、意識的に表情を変えようとすると、思うようにコントロールすることができないものです。意識的に使えるようにするためには鍛えるしかありません。そのための方法をご紹介します。

このトレーニングは、ペアで楽しみながら進めていきます。

まず、相手に見えないよう自分の持ち札の感情カードの中から1枚選び、その感情を相手に、言葉やジェスチャーなしに表情の変化だけで表わします。見ている人は、相手の表現が何の感情だったか、自分のカードから、この表情というのを選択します。

それを互いの持ち札がなくなるまで攻守交替しながら進め、当たったら拍手、当たらなかったら、どう映っていたのかを相手にフィードバックします。手持ちのカードを早くなくしたほうが勝ちというゲームです。

こうした他者からのフィードバックなど客観視できる機会を持つことで、豊かな表情をつくれるようになります。講師が仏頂面では、参加者は安心して参加できません。

自分の表情をしっかりとマネジメントする意識を持つことが必要です。

参加者に影響を与える！「声」の重要性と自分の本当の声を知ろう

100人いれば、100通りの声があります。講師の声によって同じメッセージでも質感が重く感じられたり、軽く感じられたりすることは、誰でもわかるでしょう。しかし多くの人は、声の出し方や使い方など声に気を配ることが疎かになっています。

中国の人相学の大家、宋代の陳摶《ちんせん》が書いた『神相全編』には、いくら働いても金持ちになれない、地位も得られず、場合によっては死んでしまう人の声として9つの特徴が挙げられています。

①軽い声
②詰まっている声
③うわずっている声
④焦点が定まらない声
⑤低く小さい声
⑥破れた太鼓のような声
⑦かすれている声
⑧語尾が不明瞭な声
⑨まとまりのない声

現代においても、アメリカのデューク大学の研究チームが行なった調査で、「声の低い経営者は、声の高い経営者よりも平均年収が１９００万円も高い」という結果が出て、話題になりました。

声と成功・失敗要因との間には、宋時代の中国から現代のアメリカまで、統計や分析といった手法で相関関係が少なからずあるのです。

そして、声は身体の一部である声帯から生じ、身体と共鳴して発声されます。身体全体が声を出す楽器とも言えるのです。人間の身体そのものが成長するにつれて、声帯周りも変化します。しかし、身体は楽器のように新調や交換ができないので、生まれ授かったものをいかにうまく使いこなすかを学ぶことが必要です。

まず、自分の本当の声を知ることからはじめていきます。

声を出すための第一条件、それは身体全体をリラックスさせることです。大きな声を出そうとすると、決まって人は身がまえて、力んでしまうものです。緊張して強張った身体では、相手に響く、深い、太い声は出せません。以下のステップで身体を緩め、リラックスした状態での本当の自分の声をつかんでみましょう。

①床に仰向けになって寝てみる（立つと力みが出やすいため、最初のうちは床に寝ることを推奨します）
②全身を脱力させて大きく2～3回、深呼吸をする
③息を吐きながら「あーー」と息が続くまで言ってみる
④このときに首や肩や胸や腹部に手を置いてみて、音が身体の内側から響いている感じを覚える
⑤立ち上がって両足を肩幅程度に開いて、上半身を脱力させながら息を吐いて「あーー」と言う

この状態が、自分が本当にリラックスして声を出している状態です。この感じを繰り返して身体に染み込ませます。ポイントは、全身の力を緩めてリラックスすることです。

武術の達人に学ぶ！正しい姿勢や呼吸法を知ろう！

声の重要性や自分の本当の声を知ったら、声の出し方、使い方、伸びと響きのあるよい声をつくるための姿勢や呼吸法について学んでいきます。

まず左ページの図のように、両足を肩幅に開き、体重は足裏前方にかけ、膝はすぐに動かせるくらいにリラックスします。背骨は真っ直ぐにします。顔は正面に、のどの通りがよいポジションまであごをひきます。腕は身体に沿って緩め、腕組みをしないように正しい姿勢をつくります。

声が生まれるしくみは以下の順番をたどります。

①姿勢→②呼吸→③声帯振動→④共鳴→⑤調音

大まかに言えば、正しい姿勢で、深い呼吸とともに、声帯を震わせ、口腔、鼻腔といった体内で声が反響、共鳴し、最終的には調音されて声が出てくるといった流れです。

以下、詳しくみていきましょう。

声の通る姿勢

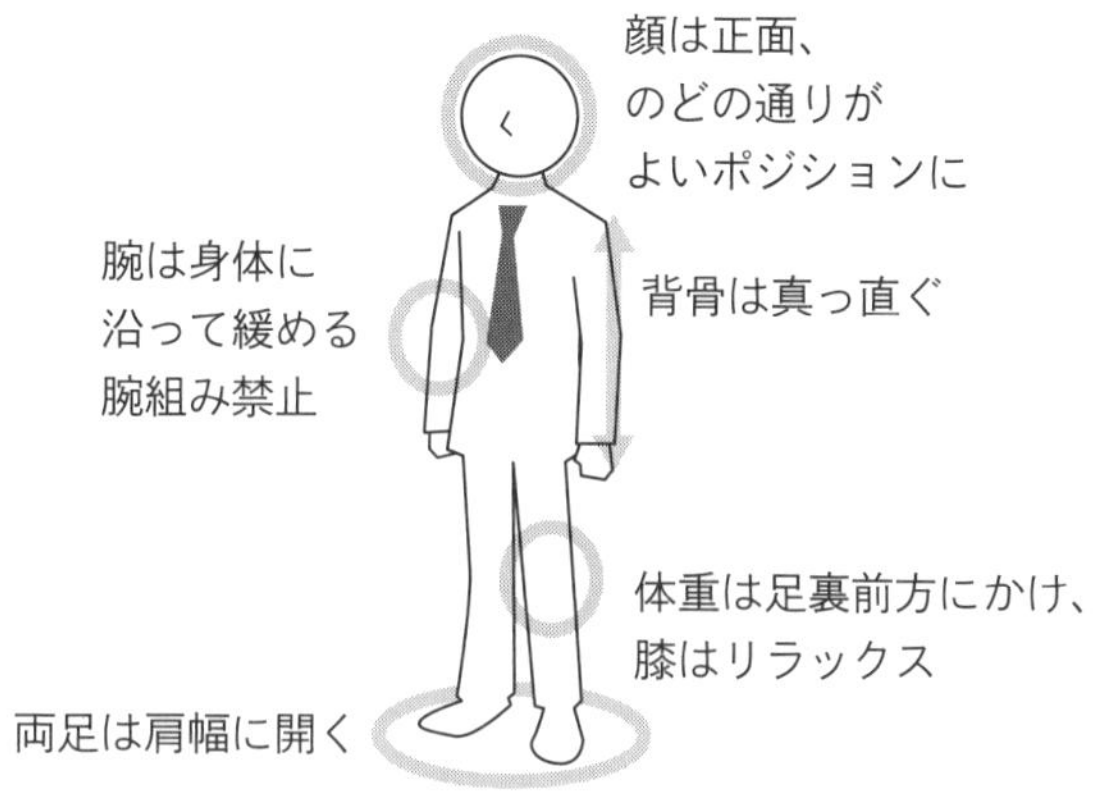

❶姿勢

声の通る姿勢については上の図の通りですが、難しいのは、前述の「自分の本当の声」で示したように、寝ると身体の力を抜くことができるものの、立つとなかなかうまく力が抜けないという点です。

立ち方は、両足を肩幅くらいに広げ、体重は足裏前方にかけて、膝の力を抜いてリラックスすることです。

しっかりと地面に根を張っている1本の木をイメージしてください。そして幹である身体の内側の筋肉にエネルギーを注ぐことを意識します。まるで足の裏から根が生えて足全体を床に根づかせるつもりで立つのです。

武術の達人は、力を抜いてしっかり立

つことを体得しています。下の肖像写真は、柔道の祖とも言われる、嘉納治五郎師の最晩年、79歳のときのものですが、立ち姿は左右均等、一切の力みも、隙も、迷いも感じられない、惚れ惚れする姿です。この境地には到達できなくても、近づく努力をすることはできます。

出典：国立国会図書館ウェブサイト

❷呼吸

リラックスするには、息の使い方、呼吸法も大事になってきます。息を吸うときと吐くときでは、自律神経のスイッチが以下のように切り替わります。

吸う→交感神経優位スイッチが入る
吐く→副交感神経優位スイッチが入る

リラックス効果を高める上では、息を吸うときよりも、吐くときのほうが大きなポイントになります。

ヨガやアーユルベーダ、座禅、太極拳といった中での伝統的な呼吸法も、意識的に息を吐く時間を長くし、副交感神経優位の時間を長くすることで、リラックス効果を高めています。つまり、研修中に緊張してきたら、息を長く吐くようにするといいのです。

一方で浅い呼吸は、リラックスを阻害する大敵です。人は緊張すると身体に力が入り、深く息が吸えずにどんどん呼吸が速くなっていきます。

これではうまく話すどころではなくなり、また緊張する。この負の連鎖がパフォーマンスを下げていきます。

浅い呼吸が日常的になると緊張が持続し、ストレスが溜まり、メンタル面も病んできます。現代人特有のストレス過多、キレる、といった症状は、浅い呼吸と無関係とは言えないのです。

心を落ち着かせたいときには、誰もが知っている深呼吸です。呼吸が十分であれば、酸素が脳に送り込まれて穏やかな気持ちになり、脳がスッキリします。

まとめると、**姿勢と呼吸法は、身体に力を入れるのではなく、力を抜く。息を吸うのではなく、吐く。シンプルですが、とても力強い原理原則**です。

❸声帯振動

声は、呼吸とともに、声帯を振動させながら出ていきます。常に湿り気を保つよう水分補給と鼻呼吸を忘れてはいけません。私も、乾燥する冬場には、簡易加湿器を持ち歩いて、喉を潤しています。

❹共鳴

共鳴するにも、口腔、鼻腔、咽頭の空気の通りをよくすることが必要です。これも日頃のケアが必要で、うがいを心がけるなど、常に健康を保つことが必要です。

❺調音

最後に、調音されて声が出てくるのですが、調音をよくするには、以下のカツゼツの練習が効果的です。早口言葉のようなものですが、声に出して、つかえなくなるまで読み上げてみてください。

「瓜売りが瓜売りに来て、瓜売り残し、瓜売り帰る、瓜売りの声」
「猪汁、猪丼、猪鍋、猪シチュー」

「ジャズ歌手、シャンソン歌手」

アイコンタクトで参加者と自分だけのワン・トゥ・ワンの世界をつくろう！

数百人規模の会場で研修をしていると、主催者や参加者の方から「よく、あれだけ多くの聴衆を前に緊張せずに堂々とできますね」といったコメントをいただくことがあります。実際は緊張しているのですが、場数を踏むと、緊張を適度なカンフル剤として味方につけることができるようになります。

一方で30人程度の研修では、今でも、大変緊張します。なぜなら、300人を前にした「講演」では、参加者一人ひとりの反応はさほどつかめないものの、30人だと、一人ひとりの反応がダイレクトに返ってきます。眠たそうな人がいる、神妙に聞いているフリをしながら仕事の内職をしている……これらすべてが見えてしまうからです。

視線の動かし方

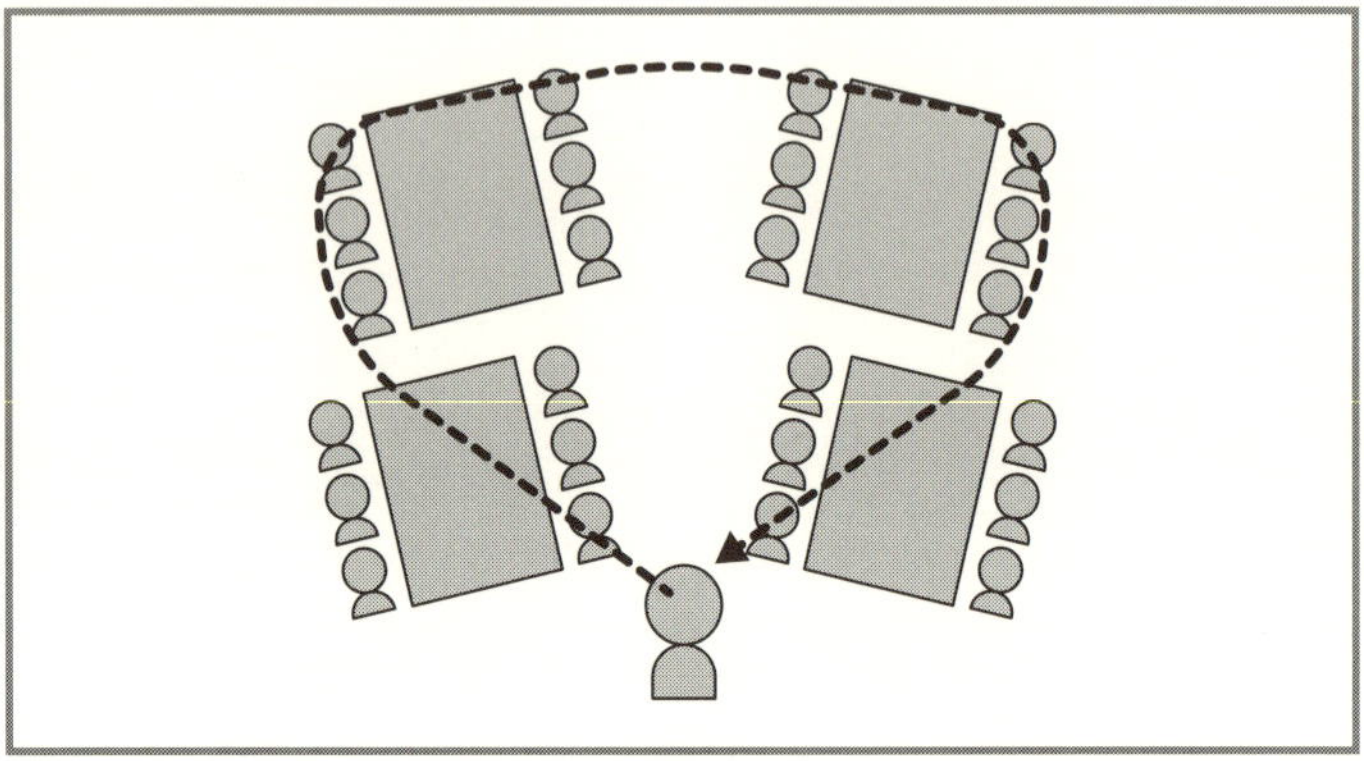

逆もしかりで、参加者は講師を観察しています。この「見られている」という状態が緊張を招き、参加者の目を見ることができなくなるケースもあるでしょう。しかし、アイコンタクトがなければ、参加者にとって講師は、距離感のある人になってしまいます。

アイコンタクトには、大きく以下2つの技が必要になります。以下、順番に触れていきます。

❶視界を広く取る

私は、趣味と実益を兼ねて落語の寄席によく行きますが、落語家は必ずまくら（冒頭の挨拶）で、後方客席を見渡してから視線を近くに落とします。決して、近い距離で噺をはじめません。場をホールドしようとしたら、視界を広く取ることが鉄則で、これは講師も同様です。慣れないうちは、近くの参加者の反応が気になるものですが、解説時は会場の後方にいる参加者から視線を送り、ゆっくりと移動して自分の近くに下ろしていく。噺家譲りのこの技で、参加者との距離感をコントロールすることができるようになります。

❷ワンセンテンス・アイコンタクトを実践する

アイコンタクトを上手に使いこなす鍵は、参加者の一人ひとりと目を合わせながらワンセンテンスの会話をすることです。参加者の一人ひとりと、3～5秒間、視線を合わせることを繰り返していきます。

人が初対面の相手と不快感を持たずに、かつ、自分の存在を相手に認めてもらったと感じるアイコンタクトの時間は、3～5秒が目安です。

ジェスチャーを有効活用しよう！

～手の使い方、あらゆる表現を可能にするジェスチャーの4象限

旅行で海外に行って、言葉は通じずとも、身振り手振りで何とかなったということは、誰しも経験のあることでしょう。その意味でジェスチャーは、あらゆるメッセージを伝達可能にする力のあるメディアと言うこともできます。

ジェスチャーは多彩で、場所、事物を指し示したり、時間や流れの変化を示したり、登場人物の動作のような表現や、物の輪郭の表現等と、文脈に応じて使えば、共感を得やすくなります。

ジェスチャーには、左の図のように、「首より上」「両肩のライン上」「胸から腰あたり」の3つのアクションゾーンがあります。

ジェスチャー：腕のアクションゾーン

①注目ゾーン（首より上）

遠距離から後方の相手に何かを伝えたいなど、ダイナミックな動きが必要な場合、このゾーンでモノを指し示したり、アクションをしたりして注意喚起を行なう

②強調ゾーン（両肩のライン上）

何かを強調して伝えたいとき、手に持っているモノを参加者に見せたいときなどに使用。このゾーンで行なうことで、よりインパクトを持って相手に伝えることができる

③フラットゾーン（胸から腰あたり）

一番、使われるゾーン。オーバーになり過ぎず、控えめにもなり過ぎず、ほどよく伝えられる。ただ、このゾーンばかり使用していると、メリハリが少なく、単調な印象を持たれがちなので要注意

小噺15

落語に学ぶ、カツゼツ向上！　啖呵

スピーチやプレゼンを、よりシャープにするためには、カツゼツをよくする必要性があります。カツゼツがしっかりしていて言葉が明瞭なだけで、プレゼンが1段も2段も上手に聞こえます。

カツゼツをよくするには、本文で紹介した早口言葉を繰り返し口にするのも効果がありますが、それに慣れてきたら、少し長文の文章を読み上げてみることにもトライしてみましょう。うってつけなのが、古典落語です。

古典落語には、胸のすくような啖呵を切るシーンがいくつか出てきます。名作「大工調べ」や「五人廻し」が有名ですが、「五人廻し」の啖呵から名台詞をご紹介します。

「そもそも吉原というものはな、庄司甚内というお節介野郎が江戸に遊廓がないといけないと公儀へ願って出て元和三年に初めて許されて吉原というものが出来たんだ。

はじめっからここにあったんじゃねえんだゾ。初めは、日本橋葺屋町二丁四方にあったんだ。

その時分には江戸町一丁目、二丁目、それに京町一丁目、二丁目、角町だ。五丁町だったんだ。

こっちに移ってきてからは、そこに揚屋、伏見に堺に仲之町が加わったが昔を偲んで五丁町と言うんだ。

はばかりながら、この俺は吉原に大見世が何軒あって、中見世が何軒あって、小見世が何軒あって、女郎の数が何人で、どこの女郎がどこから住み替えをしてきていつ年期（ねん）が明けて、だれが真夫（まぶ）に取られているか分かっていらぁ〜。横丁の芸者が何人いて、誰がどういう切っ掛けで芸者になったのか、どんな芸が得意なのか、そんな事も知ってるヨ。雨が降らぁ〜、雨が。どこん所と、どこん所に水溜まりが出来るか知ってるゾ。テメエなんぞ水っ溜まりに足を突っ込むだろう、はばかりながら俺なんぞ目をつぶっていても水っ溜まりに足をへえれずに歩けるんダ。水道尻にしてある犬の糞だって黒がしたものか、ブチがしたものか、白がしたものかハジから匂いを嗅ぎ分けるというおぁ兄さんダ。べらぼうメ。まごまごしやぁがると頭から塩つけてかじっちゃうぞ、こん畜生！」

名人と言われる真打ちは、驚くべきことに、ここまでほとんどノーブレスでやりきります。それも、ただ早口でまくし立てるのではなく、名人の落語は、聞かせどころで速度を落としたり、逆に感情を伝えたいときは早めたりと、縦横無尽に使い分けます。

これは、音楽の楽奏記号でクレッシェンド（だんだん強く）やリタルダンド（だんだん遅く）とも近い概念ですが、スピーチやプレゼンでも同じです。リズム感やスピード感を磨くには、手本に合わせてまるで影のように忠実にその話し方をなぞることも有効です。これをシャドウイングと言いますが、間の取り方、リズム、スピード、観客の呼吸のつかみ方、そのすべてで「名人」をなぞってみることは、上達への近道です。

簡単にできるアクティビティで気づきを深め、場を暖める7つの方法

その1　グッド&ニュー／簡単なチェックインをしたいとき

こんなときに：簡単なチェックイン（場の導入）をしたいとき

TO DO：最近、我が身に起きたよかった出来事、新しいニュース等を参加者間で話してもらう。

効能：参加者同士が気軽に自己紹介や近況紹介を行ない、リラックスした場をつくることができる。

その2　星座でグループシャッフル／リフレッシュを促したいとき

こんなときに：グループが固定化してきて、リフレッシュを促したいとき

TO DO：星座ごとにグルーピングを変える、変えたあとに各グループの代表にその星座の特徴を紹介してもらう。

効能：対話の新しいグループをつくるときなどに活用。メンバーが入れ替わることで活性化につながる。

その3　ブレインジャンプ／短時間でチームビルディングを図りたいとき

こんなときに：チームビルディングを短い時間で図りたい

ＴＯ ＤＯ：全員立って、手をつないで円をつくる。ファシリテーターの声かけの通り実践してもらう。
第1段階「言うこと一緒、やること一緒」（右と言ったら、右と言って右にジャンプする）
第2段階「言うこと一緒、やること逆」（右と言ったら、右と言って左にジャンプする）
第3段階「言うこと逆、やること逆」（右と言ったら、左と言って右にジャンプする）

効能：皆で心をひとつに合わせないとすぐにできない。段階を踏むことでチームの凝集性が高まる。

その4　ハイタッチウォーク／アイスブレイクと気づきのリフレクションを同時に実現したいとき

こんなときに：アイスブレイクと気づきのリフレクションを同時に実現したい

ＴＯ ＤＯ：参加者全員が立ち上がり、目が合った人とペアをつくり、ここまでの内容で気づいたこと、学んだことをそれぞれひと言ずつ言ってハイタッチする。これを時間まで複数のパートナーと実施する。

効能：2日間の研修やワークショップの2日目の冒頭などで実施すると、アイスブレイクとここまでの振り返りを併せて行なえる。

その5　書評ダイアログ／テーマに対しての事前準備を参加者にしてもらいたいとき

こんなときに：テーマに対しての事前準備を参加者にしてもらいたいとき

ＴＯ ＤＯ：テーマにまつわる本を事前に自分で選び、当日の導入時に他のメンバーにその本からの学びを共有してもらう。

効能：前向きな参加姿勢を事前に醸成できる。

その6 シグナルプランニング／アクションプランを多面的につくりたいとき

こんなときに：最後のアクションプランを多面的につくりたいとき

TO DO：信号の色にたとえて、自分やチームがこの研修・ワークショップからの学びを活かして、青（はじめること）、赤（止めること）、黄（続けていくこと）を考えてもらう。

効能：はじめるアクションプランだけでなく、捨てること、活かし続けていくことも多面的に考えることができる。

その7 バリュートーク／自分のこだわりを話してもらいたいとき

こんなときに：自分の仕事についてのこだわりを話してもらいたいとき

TO DO：それぞれの企業で大切にしている行動指針やバリュー（※複数ある場合が多い）に基づき、自分が仕事にどんなこだわりを持って臨んでいるかを話してもらう。グループ内で発表の順番を決めたら、あらかじめ名刺大サイズのカードに印刷された複数のバリューの中から、聞き手が、発表者の日頃の仕事ぶりを見て、「これだ」と思うバリューのカードを一斉に場に提出する。一番多く示されたバリューについて発表者は話をはじめる。

効能：バリューを自分で選ぶのではなく、他者に選んでもらうのが気づきを深めるポイント。他者がなぜそのバリューを選んだか、発表者にフィードバックする機会を設けると、より気づきが深まる。

謝辞（あとがきにかえて）
――この本を手にとってくれたあなたへ

今、日本では、年間の新刊書籍発行点数が8万冊以上あると言われていますが、そんな星の数ほどある中から、たった1冊のこの本を選んでくださったことに心から感謝します。

本書は、研修講師やファシリテーターとして、素人だった自分が現場で格闘し、その中で得た「大事なこと」をあなたに伝えるために書いた本です。

いかがでしたでしょうか？　話し方や伝え方のノウハウ、ハウツーも必要ですが、それ以上に講師・ファシリテーター自身のあり方や、参加者の前向きな意欲を引き出すための関わり方、そして何より、気づきの生み出される場のつくり方が大切であることを少しでもご理解いただけたのなら、私にとって望外の喜びです。

最後に、この場を借りてお礼を述べさせてください。

はじめに、出版に向け心強い推薦をくださった、リンクアンドモチベーショングループ代表の小笠芳央さん。そして、出版のきっかけをつくってくれた、世界で一番尊敬する上司、羽田徹さん。僕にいつもチャレンジングな場の機会をくださる（株）リンクイベントプロデュース社長の八重樫徹さんをはじめ、愛すべき同僚の皆さん。ご支援いただいた（株）リンクグローバルソリューション社長の一色顕さん、広報責任者の川村宜主さん、林美保子さん。本書のクオリティアップのために大変有益なアドバイスをくださった、大先輩講師の田中和彦さん。時に励まし、お力添えをいただいた、同文舘出版の竹並治子さん。何よりも、これまで現場で志をひとつにしてご一緒させていただいた、各社人事の皆さまと可能性に溢れた参加者一人ひとりの皆さん。

そして、健康な体を授けてくれた両親（広江卓、章子）、弟の正弥と、本の執筆で休日の家族団らんが削られるにもかかわらず、応援し続けてくれた妻の明日香と子供たち、一寿桃《いずも》と空乃佑《そらのすけ》とみーちゃん。

皆さんのお力添えとご支援がなければ、本書はこの世に生まれませんでした。あらためて感謝の謝辞を申し上げ、筆をおくことにします。

可能性に溢れた場がひとつでも多く生まれますように。

研修で出張中の海沿いのホテルにて、波音を聴きながら。

広江朋紀

著者略歴

広江朋紀（ひろえ　とものり）

リンクアンドモチベーショングループ　ナビゲーター／ファシリテーター
（株）リンクイベントプロデュース所属
1976年東京都新宿区出身。

産業能率大学大学院卒業（城戸研究室／組織行動論専攻）。

出版社勤務を経て、2002年に（株）リンクアンドモチベーション入社。同社のコンサルタント（モチベーションエンジニア）としてクライアントの採用、育成、人事制度構築、経営ビジョン策定・浸透と、一貫して組織課題の解決に向けた業務に従事。

ヒューマンリソース領域における豊富なコンサルティング経験を基に、研修講師、組織開発ファシリテーターとして活動中。延べ研修実績300社超、受講者3万人超、年間稼動170日を越える。

参加者を本気にさせる場づくりの力に定評があり、顧客リピート率、参加者満足度、同社トップクラス。研修講師・ファシリテーターの養成も行なっている。

facebook: https://www.facebook.com/tomonori.hiroe

研修・ワークショップのご依頼はこちら➡ https://www.link-ep.co.jp/inquiry

研修・ファシリテーションの技術
——場が変わり、人がいきいき動き出す

平成28年4月12日　初版発行
平成30年12月5日　4刷発行

著　者——広江朋紀

発行者——中島治久

発行所——同文舘出版株式会社

東京都千代田区神田神保町1-41　〒101-0051
電話　営業03（3294）1801　編集03（3294）1802
振替00100-8-42935
http://www.dobunkan.co.jp/

ISBN978-4-495-53421-9

印刷／製本：三美印刷

Printed in Japan 2016